U0960746

中南财经政法大学会计·财务系列教材

高级财务会计习题集

彭 艳 主 编
温 倩 毛洪安 副主编

中国财经出版传媒集团
中国财政经济出版社
·北京·

图书在版编目（CIP）数据

高级财务会计习题集 / 彭艳主编. -- 北京 : 中国财政经济出版社, 2024. 10. --（中南财经政法大学会计·财务系列教材）. -- ISBN 978-7-5223-3471-4

Ⅰ. F234.4-44

中国国家版本馆CIP数据核字第20248D4H87号

责任编辑：温彦君　　责任校对：张　凡

封面设计：陈宇琰　　责任印制：史大鹏

高级财务会计习题集

GAOJI CAIWU KUAIJI XITIJI

中国财政经济出版社 出版

URL：http：//www. cfeph. cn

E－mail：cfeph@ cfeph. cn

社址：北京市海淀区阜成路甲 28 号　邮政编码：100142

营销中心电话：010－88191522

天猫网店：中国财政经济出版社旗舰店

网址：https：//zgczjjcbs. tmall. com

北京鑫海金澳胶印有限公司印刷　各地新华书店经销

成品尺寸：185mm×260mm　16 开　11. 25 印张　268 000 字

2024 年 10 月第 1 版　2024 年 10 月北京第 1 次印刷

定价：42. 00 元

ISBN 978－7－5223－3471－4

（图书出现印装问题，本社负责调换，电话：010－88190548）

本社质量投诉电话：010－88190744

打击盗版举报热线：010－88191661　QQ：2242791300

推 荐 说 明

本系列教材为财政部教材编审委员会推荐教材。

财政部教材编审委员会
2006年1月

中南财经政法大学会计·财务系列教材
编审委员会（2024）

高级财务会计习题集
编　写　组

主　　编：彭　艳

副 主 编：温　倩　毛洪安

参编人员：陈正林　陈　峻

总　序

“教材建设是事关未来的战略工程、基础工程，教材体现国家意志”。新时代对会计、审计和财务管理的人才要求越来越高，因此，进一步深化会计、审计、财务管理教育改革，培养满足新时代需求的高素质会计、审计、财务管理的人才，是我国高校教育当前的紧迫任务。我们一直努力探索会计学专业和财务管理专业的教育改革，尤其是教材改革问题。早在1982年，我们便对会计学专业主干课程教材进行了改革，提出了一套系统改革方案，经财政部批准后作为财政部部属院校的两套会计学专业教改方案之一实施，并进行了中南财经政法大学（时名湖北财经学院）系列教材建设。

课程改革是关键，教材改革是基础。1993年，为了适应《企业会计准则》《企业财务通则》和行业会计制度与行业财务制度改革，我们改革了会计学专业主干课程体系，启动并出版了第一轮《中南财经大学会计系列教材》。该系列教材在1994年第六届全国书市上被评为最佳畅销套书。各教材也分别获得第二届财政部优秀教材奖，受到广大读者、使用单位和出版界的好评与欢迎。此后，我们于1996年至1997年修订出版了第二版，在社会上产生了广泛和良好的影响。

2000年启动了第二轮《中南财经政法大学会计·财务系列教材》的建设工作，确定出版了十一门课程的教材，其中增加了为非会计学专业和非财务管理专业的本科生组织编写的《会计学概论》《公司财务管理概论》两种教材，从2001年起陆续由中国财政经济出版社出版发行。

从2005年起，我们启动了第三轮《中南财经政法大学会计·财务系列教材》的建设工作。教材编审委员会审定通过并确定了十八门核心课程的教材，从2006年起陆续由中国财政经济出版社出版发行。

从2018年起，我们启动了第四轮《中南财经政法大学会计·财务系列教材》的建设工作。教材编审委员会审定通过并确定了课程体系由主干课程、特色课程、实践实验课程、外专业课程四个模块构成。主干课程的教材包括《会计学原理》《中级财务会计》《高级财务会计》《财务管理》《高级财务管理》《成本会计》《审计学》《财务分析》八种；特色课程的教材包括《会计史》《管理会计》《会计理论》《会计制度设计》《政府会计》五种；实践实验课程的教材包括《会计案例》《财务管理案例》《审计案例》《会计信息系统》四种；外专业课程的教材包括《会计学》《公司财务管理概论》两种。这套系列教材从2018年起陆续由中国财政经济出版社出版发行。

在本轮教材建设中，我们继续坚持多年教材建设“理论与实务并重、兼容并蓄、立足我国、放眼世界、务实创新”的原则，该系列教材具有“科学性、先进性、实用性和易教易学性”等四个特点：(1) 系统论述会计学科、审计学科和财务管理学科的基本知识、基本理论和基本技能，全面反映我国经济改革和会计、审计、财务管理改革及研究的最新成果，体现教材的科学性；(2) 立足现实，面向未来，体现教材的先进性；(3) 既同国际趋同，又与中国实际相结合，体现教材的实用性；(4) 充分尊重教学规律的要求，体现教材的易教易学性。

需要特别说明的是，2018年起新出版的《中南财经政法大学会计·财务系列教材》，继续得到了中国财政经济出版社以及许多兄弟院校和广大读者的热情支持与帮助，在此一并表示衷心的感谢！同时，我们也真诚地希望会计界、审计界、财务界的专家、学者和广大读者，以及实务界的朋友，提出宝贵的意见和建议，以便再版时修订、完善。

中南财经政法大学会计·财务系列教材编审委员会

2018年6月

编写说明

为了推进我国企业会计准则与国际财务报告准则的持续全面趋同，财政部于2010年4月1日发布了《中国企业会计准则与国际财务报告准则持续趋同路线图》。针对国际财务报告准则的新变化，为实现与国际财务报告准则的持续趋同，2014年以来，财政部先后发布、修订了多项企业会计准则，与《高级财务会计》教材相关的准则修订包括《企业会计准则第2号——长期股权投资》（2014年修订）、《企业会计准则第33号——合并财务报表》（2014年修订）、《企业会计准则第22号——金融工具确认和计量》（2017年修订）、《企业会计准则第24号——套期会计》（2017年修订）、《企业会计准则第21号——租赁》（2018年修订），除此之外，财政部还发布了多项准则解释，破产清算的会计规范《企业破产清算有关会计处理规定》也于2016年进行了修订。以最新的企业会计准则和最新的税收法规等为基本依据，并参考《国际财务报告准则》的最新成果，中南财经政法大学会计学院高级财务会计教研室老师编写的《高级财务会计》教材，已于2022年由中国财政经济出版社出版发行。

为提高教学效果、满足学生学习所需，《高级财务会计》教材编写团队编写了《高级财务会计习题集》。《高级财务会计习题集》由彭艳担任主编，温倩和毛洪安担任副主编。各章（包括习题与答案）编写人员及分工如下：第一章、第二章、第三章、第四章由彭艳执笔；第五章由陈正林执笔；第六章由陈峻执笔；第七章由温倩执笔；第八章由毛洪安执笔；第九章由温倩执笔；第十章由陈正林执笔；模拟试卷（一）和模拟试卷（二）由彭艳执笔。最后由彭艳、温倩和毛洪安进行总纂、修改和定稿。

在本习题集的编写过程中，得到了中南财经政法大学会计·财务系列教材编审委员会和中国财政经济出版社的大力支持和帮助，谨此一并深表谢意！在本习题集的编写过程中，我们力求做到重点突出、表述准确、参考答案正确，但由于水平有限，书中难免有疏误之处，恳请广大读者批评指正，以便再版时修订。

您的宝贵意见请反馈至邮箱：pyan@ zuel. edu. cn。

本书编写组

2024 年 9 月

目　录

第一部分　重难点及练习题

第二部分 练习题参考答案及解析

第一部分

重难点及练习题

第一章

企业合并

一、重难点解析

（一）企业合并的含义及判定

企业合并是将两个或者两个以上单独的企业（主体）合并形成一个报告主体的交易或事项。企业合并的结果通常是一个企业取得了对一个或多个业务的控制权，因此，控制权的转移是企业合并认定的前提。

交易是否构成企业合并从而适用企业合并准则必须同时满足控制权转移与被合并方构成业务两个条件。标的业务控制权是否转移到合并方需要根据《企业会计准则第 33 号——合并财务报表（2014）》进行判断。企业合并中的业务指企业内部某些生产经营活动或资产负债的组合，该组合具有投入、加工处理过程和产出能力，能够独立计算其成本费用或所产生的收入。如果一个企业取得了对另一个或多个企业的控制权，而被购买方（或被合并方）并不构成业务，则该交易或事项不形成企业合并，合并报表层面则不适用企业合并准则，识别并确认所取得的单独可辨认资产及承担的负债时，应将购买成本按购买日所取得各项可辨认资产、负债的相对公允价值进行分配，不确认商誉或购买利得。

（二）企业合并的分类及对会计处理的影响

企业合并按合并后参与合并双方存在的法律形式分为吸收合并、新设合并与控股合并。此三类企业合并在合并后继续以独立法人进行经营的主体不同，会计处理程序会存在差异。控股合并后合并双方仍以独立主体存在，母公司除在其个别财务报表中列示对子公司的长期股权投资外，还需要在合并日与之后的资产负债表日以母、子公司个别财务报表为基础编制合并财务报表。吸收合并与新设合并在合并发生后形成单一法律主体，合并日后不存在合并财务报表的问题。

企业合并按控制权性质不同分为同一控制下企业合并与非同一控制下企业合并。同一控制下企业合并指参与合并的企业在合并前后均受同一方或相同的多方最终控制且该控制并非暂时性的；除判断属于同一控制下企业合并情况以外，其他企业合并为非同一控制下企业合并。同一控制下企业合并是合并双方联合控制它们的全部或实际上是全部的净资产和经营活动，对集团最终控制方而言，其在合并前后控制的资源并未发生变化，因此应当采用权益结合法对企业合并进行会计处理，要体现“一体化存续原则”，新的报告主体中保持合并各方合并前经济资源不变，采用账面价值计量支付的对价和取得的净资产不产生损益。非同一控制下企业合并则是合并双方的资产购买交易，应采用购买法将公允价值作为被购买方资产与负债的计量属性。

（三）企业合并的会计处理方法

会计处理应从经济活动的内在本质出发，反映其经济实质。基于对企业合并经济实质的不同观点，企业合并被分为购买性质的企业合并和股权联合性质的企业合并。根据非同一控制下企业合并与同一控制下企业合并的不同本质，分别采用购买法和权益结合法对此两类企业合并进行会计处理。这两种方法采用不同的计价基础计量被并方的资产与负债，因此合并中形成的新报告主体的财务报表便有了截然不同的结果。

（四）同一控制下企业合并的会计处理

同一控制下企业合并不是一项出售或购买交易，应采用权益结合法对这类企业合并进行会计处理。我国同一控制下企业合并会计处理的特征有：第一，主并方取得的被并方资产与负债按其相对于最终控制方而言的账面价值计量；第二，主并方为取得该项投资所支付的对价应以账面价值结转，不确认损益，支付对价的账面价值与取得的被并方净资产账面价值份额间的差额调整所有者权益；第三，主并方发生的审计、法律服务、评估咨询等中介费用以及其他相关费用，应当于发生时计入当期损益（管理费用）；第四，主并方为企业合并发行的债券或承担其他债务支付的手续费、佣金等，应当计入所发行债券及其他债务的初始计量金额；企业合并中发行权益性证券发生的手续费、佣金等费用，应当抵减权益性证券溢价收入，溢价收入不足冲减的，冲减留存收益；第五，合并日，母公司应当编制合并资产负债表、合并利润表和合并现金流量表，合并利润表与合并现金流量表应当包括参与合并各方自合并当期期初至合并日所产生的净利润与现金流量。

（五）非同一控制下企业合并的会计处理

非同一控制下企业合并是一项独立的市场交易，应采用购买法对这类企业合并进行会计处理，按公允价值对购买的资产进行计量。会计处理具体涉及识别购买方、确定购买日、确定合并成本、在购买日对合并成本进行分配等程序。

购买方是指在企业合并中取得对另一方或多方控制权的一方。购买日是指购买方实际取得被购买方控制权的日期。合并成本是购买方在购买日为取得对被购买方的控制权而付出的资产、发生的或承担的负债以及发行的权益性证券的公允价值之和，合并协议约定的或有对价应按其在购买日的公允价值计入合并成本。购买方的合并成本是确认与计量被购买方资产与负债的价值起点与基础。购买方应将所转移资产的公允价值与账面价值间的差额计入当期损益，企业合并中的审计、评估及法律服务等直接相关费用也应于发生时计入当期损益。

购买方在购买日按公允价值确认取得的可辨认资产与承担的负债，并将合并成本大于合并中取得的被购买方可辨认净资产公允价值份额的差额确认为商誉。初始确认后的商誉不需要进行定期摊销，但至少应当在每年年度终了进行减值测试，以其初始确认金额扣除累计减值准备后的余额在合并财务报表中列示。如果存在合并成本小于合并中取得的被购买方可辨认净资产公允价值份额的情形，购买方在进行必要的复核后，将该差额作为购买利得计入当期损益。

（六）或有对价的会计处理

或有对价应分别同一控制下与非同一控制下企业合并进行处理。

同一控制下企业合并中存在或有对价的，主并方应根据《企业会计准则第 13 号——或有事项》的规定，判断是否应就或有对价确认预计负债或者确认资产以及应确认的金额，该金额与后期对价结算金额的差额应当调整所有者权益。

非同一控制下企业合并中存在或有对价的，购买方应按照其在购买日的公允价值计入企业合并成本，同时确认一项权益、负债或资产并相应地进行后续计量。

（七）反向购买的会计处理

反向购买的会计处理应遵循实质重于形式原则，从会计上的母公司角度出发来确定合并成本，合并成本是会计上的母公司如果以发行权益性证券的方式为获取在合并后报告主体的股权比例，其应向会计上子公司的原股东发行的权益性证券数量与其公允价值计算的结果。合并后主体应以此合并成本为依据编制合并财务报表。反向购买交易下合并财务报表编制的特殊性体现在“反向”总原则的运用上。例如，反向购买的合并财务报表以法律上的子公司为主体，保留其所有者权益各项目，其资产、负债按合并前的账面价值计量。法律上的母公司是反向购买中被控制的一方，其可辨认资产、负债在合并财务报表中应以购买日的公允价值进行反映。

（八）被购买方的会计处理

非同一控制下的企业合并中，购买方通过企业合并取得被购买方 100% 股权的，被购买方可以按照合并中确定的可辨认资产、负债的公允价值调整其账面价值。除此之外，其他情况下被购买方不应因企业合并改记有关资产、负债的账面价值。此种被购买方的会计处理将被购买方资产与负债在母公司合并财务报表中的价值“下推”到被购买方所编制的个别报表，这也被称为“下推会计”。

二、练习题

（一）单项选择题

1. 下列各交易或事项中，属于企业合并的是（　　）。
   A. 通过直接投资形成对另一方的共同控制
   B. 取得控制权后从少数股东处购入子公司股权
   C. 取得仅持有固定资产与少量货币资金的企业的控制权
   D. 通过增发股票取得另一企业控制权，该企业构成业务
2. 被并方在企业合并后仍维持其独立法人资格继续经营的，该企业合并形式是（　　）。
   A. 控股合并　　B. 换股合并
   C. 吸收合并　　D. 新设合并

3. 下列关于同一控制下企业合并会计处理的说法中，不正确的是（　　）。

A. 企业合并中不确认新的资产与负债

B. 企业合并中发生的费用计入当期损益

C. 被合并方资产与负债按其在最终控制方合并报表中的账面价值确认

D. 将支付对价的账面价值与其享有的被合并方净资产账面价值份额间的差额确认为商誉

4. 非同一控制下企业合并中，合并日合并资产负债表中列示的被购买方资产与负债的计量基础是（　　）。

A. 现值　　B. 市场价值

C. 公允价值　　D. 原账面价值

5. 非同一控制下企业合并中，对于企业合并成本小于合并中取得的被购买方可辨认净资产公允价值份额的部分，下列会计处理中不正确的是（　　）。

A. 在控股合并的情况下，应计入合并当期的合并利润表

B. 在控股合并的情况下，应计入购买方合并当期的个别利润表

C. 在吸收合并的情况下，应计入购买方合并当期的个别利润表

D. 需要首先对合并中取得的被购买方的资产、负债以及合并对价的公允价值进行复核

6. 下列关于同一控制下企业合并的合并方为企业合并发生的各项直接费用的处理中，正确的是（　　）。

A. 冲减资本公积　　B. 计入合并成本

C. 冲减留存收益　　D. 计入当期损益

7. 甲公司发行每股面值 1 元、市价 5 元的普通股 1 000 万股，与乙公司前股东进行交换，取得乙公司 80% 的股权，并能够对乙公司实施控制。该合并为非同一控制下企业合并，购买日乙公司可辨认净资产账面价值为 4 500 万元，公允价值为 5 000 万元。此外，甲公司还支付律师服务等费用 3 万元。不考虑其他因素，该企业合并中的商誉为（　　）万元。

A. 1 000　　B. 1 003

C. 1 400　　D. 1 403

8. 2×23 年 7 月 1 日，甲公司自母公司（丁公司）处取得乙公司 80% 股权，当日，乙公司个别财务报表中净资产账面价值为 4 200 万元。该股权系丁公司于 2×22 年 6 月自公开市场购入，丁公司在购入乙公司 80% 股权时确认了 500 万元商誉。2×23 年 7 月 1 日，按丁公司取得该乙公司股权时乙公司可辨认净资产公允价值为基础持续计算，乙公司可辨认净资产价值为 5 600 万元。不考虑其他因素，甲公司该企业合并的合并成本为（　　）万元。

A. 3 360　　B. 3 860

C. 4 480　　D. 4 980

9. 非同一控制下企业合并中，购买方以固定资产作为支付对价的，应将该固定资产的账面价值与公允价值间的差额计入（　　）。

A. 商誉　　B. 投资收益

C. 资本公积　　D. 资产处置损益

10. 下列关于企业合并中或有对价会计处理的说法中，不正确的是（　　）。

A. 同一控制下企业合并中的或有对价可以确认为一项资产或负债

B. 同一控制下企业合并中的或有对价后续结算金额变化的，不应当影响损益

C. 非同一控制下企业合并中的或有对价应当按其在购买日的公允价值计入合并成本

D. 非同一控制下企业合并中的或有对价被确认为一项资产的，其公允价值的变化应当计入其他综合收益

11. 2×23 年 1 月 1 日，甲公司通过定向增发 2 500 万股普通股，从非关联方丙公司处取得乙公司 70% 的股权，并能够对乙公司实施控制。当日，甲公司普通股每股面值为 1 元，市价为 5 元，甲公司另以银行存款支付法律及财务顾问费 100 万元。甲公司与丙公司约定，如果乙公司未来 3 年平均净利润增长率超过 8%，甲公司需另外向丙公司支付 500 万元的合并对价。当日，甲公司预计乙公司未来 3 年平均净利润增长率基本能达到 10%，因此估计该项或有对价在购买日的公允价值为 500 万元。不考虑其他因素，甲公司该企业合并的合并成本为（　　）万元。

A. 12 500　　B. 12 600

C. 13 000　　D. 13 100

12. 甲公司系一家上市公司。2×23 年 1 月 1 日，甲公司股东会审议通过向丙公司定向增发股份，以 2 股换 1 股的比例取得丙公司持有的乙公司的 100% 股权。甲公司此次定向增发前的股份为 1 000 万股，向丙公司发行股份数量为 3 000 万股，股权交易完成后，丙公司能够控制甲公司。合并前，甲公司和乙公司的股本金额分别为 1 000 万元和 1 500 万元。2×23年 6 月 30 日，双方办理完股权交换手续。乙公司股票价格为每股 8 元，甲公司股票价格为每股 4 元。不考虑其他因素，该反向购买的合并成本为（　　）万元。

A. 0　　B. 4 000

C. 12 000　　D. 24 000

13. 下列关于商誉会计处理的表述中，不正确的是（　　）。

A. 企业正常生产经营中产生的商誉不应确认为一项资产

B. 商誉具有无形资产的特征，应确认为无形资产

C. 同一控制下企业合并中合并方支付对价的账面价值与取得被合并方于合并日净资产账面价值份额的差额不应确认为商誉

D. 非同一控制下企业合并中购买方支付对价的公允价值小于取得被购买方于购买日可辨认净资产公允价值份额的差额应计入当期损益

14. 甲公司以一台设备和一项专利权作为对价取得同一集团内乙公司 60% 的股权。合并日，设备原价为 1 000 万元，累计折旧为 400 万元，公允价值为 700 万元；专利权原价为 600 万元，累计摊销为 150 万元，公允价值为 850 万元。合并日乙公司账面所有者权益总额为 2 300 万元，乙公司净资产在最终控制方合并财务报表中的账面价值为 2 500 万元。甲公司取得乙公司长期股权投资时，确认的资本公积为（　　）。

A. 贷方 450 万元　　B. 贷方 330 万元

C. 贷方 100 万元　　D. 借方 20 万元

15. 根据我国企业会计准则，下列各项中，被并方可以按照合并中确定的可辨认资产、负债的公允价值调整其账面价值的是（　　）。

A. 同一控制下企业合并中的主并方取得被并方股权

B. 非同一控制下企业合并中的主并方取得被并方股权

C. 同一控制下企业合并中的主并方取得被并方 100% 股权

D. 非同一控制下企业合并中的主并方取得被并方 100% 股权

（二）判断题

1. 吸收合并的主并方不需要在个别财务报表中确认长期股权投资。 （ ）
2. 购买法与权益结合法都是企业合并的会计处理方法。 （ ）
3. 企业合并中的或有对价只有在实际支付时才计入合并成本。 （ ）
4. 非同一控制下企业合并中购买方仅确认被购买方已入账的可辨认资产。 （ ）
5. 企业合并中确认的商誉，不需要进行定期摊销，但至少应当在每年年度终了进行减值测试。 （ ）
6. 非同一控制下吸收合并中，购买方合并成本低于被购买方购买日可辨认净资产公允价值份额的差额应当计入当期损益。 （ ）
7. 如果非同一控制下企业合并是以发行权益性证券交换股权的方式进行的，购买方一定为发行权益性证券的一方。 （ ）
8. 反向购买中会计上的购买方应当在其个别报表中记录对被购买方的长期股权投资。 （ ）
9. 同一控制下企业合并中不会确认新的资产与负债。 （ ）
10. 非同一控制下企业合并中，对于被购买方在企业合并之前已经确认的商誉，购买方在对企业合并成本进行分配、确认合并中取得的可辨认资产和负债时不应予以考虑。 （ ）

（三）多项选择题

1. 下列会计方法中，属于企业合并会计处理方法的有（ ）。

A. 成本法　　B. 权益法

C. 购买法　　D. 权益结合法

2. 根据合并性质不同，企业合并可以分为（ ）。

A. 横向合并　　B. 多元合并

C. 同一控制下企业合并　　D. 非同一控制下企业合并

3. 下列各交易与事项中，属于企业合并的有（ ）。

A. 取得甲公司的资产与负债，该交易事项发生后甲公司的法人资格被撤销

B. 取得乙公司 25% 股权，能对乙公司产生重大影响，乙公司仍以独立法人进行经营

C. 取得丙公司 60% 股权，能对丙公司实施共同控制，交易后丙公司仍维持其独立法人资格继续经营

D. 取得丁公司 90% 股权，能对丁公司实施控制，交易后丁公司仍维持其独立法人资格继续经营

4. 下列关于同一控制下企业合并合并日的会计处理中，正确的有（ ）。

A. 合并现金流量表应当包括参与合并各方自合并当期期初至合并日的现金流量

B. 合并资产负债表中被合并方的各项资产、负债，应当按其在最终控制方合并报表中的账面价值列示

C. 合并利润表应当包括参与合并各方自合并当期期初至合并日所发生的收入、费用和利润
D. 合并成本高于合并中取得的被并方净资产账面价值的差额应在合并资产负债表中作为资产单独列示

5. 下列关于同一控制下控股合并合并日编制合并财务报表的说法中，正确的有（ ）。
A. 合并资产负债表中合并留存收益为合并方自身留存收益
B. 合并资产负债表中合并方的各项资产、负债按其账面价值计量
C. 合并资产负债表中被合并方的各项资产、负债按其公允价值计量
D. 被合并方合并前留存收益中归属于合并方的部分应自资本公积转入留存收益

6. 下列关于控股合并合并日编制合并财务报表的表述中，正确的有（ ）。
A. 同一控制下控股合并的合并日需要调整合并资产负债表的期初数
B. 同一控制下控股合并的合并方需要在合并日编制合并资产负债表、合并利润表与合并现金流量表
C. 非同一控制下控股合并的合并方需要在合并日编制合并资产负债表、合并利润表与合并现金流量表
D. 非同一控制下控股合并的合并方在合并日只需要编制合并资产负债表，且不需要调整合并资产负债表的期初数

7. 确定非同一控制下企业合并购买日时，属于必须同时满足的条件有（ ）。
A. 已获得国家有关主管部门审批
B. 已办理了必要的财产权交接手续
C. 合并合同或协议已获股东会等内部权力机构通过
D. 购买方实际上已经控制了被购买方的财务和经营政策，并享有相应的收益和风险

8. 2×23 年 12 月 1 日，甲公司增发 1 000 万股普通股（每股面值 1 元，市价 8 元）作为合并对价取得乙公司 100% 的股权，合并后乙公司维持法人资格继续经营。甲、乙公司合并前不存在关联方关系，合并日乙公司可辨认净资产公允价值总额为 3 000 万元。甲公司支付股票发行相关的佣金、手续费 200 万元，为企业合并发生的会计、审计及法律服务费共 20 万元。下列关于甲公司企业合并过程中发生的各项相关费用的处理方法中，正确的有（ ）。
A. 会计、审计及法律服务费 20 万元使商誉增加
B. 将会计、审计及法律服务费 20 万元计入管理费用
C. 将会计、审计及法律服务费 20 万元计入长期股权投资
D. 将与股票增发相关的佣金、手续费 200 万元冲减资本公积

9. 下列关于企业合并与长期股权投资之间关系的表述中，正确的有（ ）。
A. 甲公司吸收合并乙公司，甲公司不需要在其个别报表中确认对乙公司的长期股权投资
B. 甲公司控股合并丙公司，甲公司需在其个别报表中确认对丙公司的长期股权投资
C. 甲公司控股合并丁公司，甲公司需在合并财务报表中列示对丁公司的长期股权投资
D. 甲公司从少数股东处取得子公司戊公司 5% 股权并不构成企业合并，但甲公司需

要在其个别报表中确认新增对戊公司的长期股权投资

10. 2×23 年4 月1 日，甲公司董事会通过决议，决定向乙公司控股股东增发6 000 万股普通股，取得乙公司70%有表决权股份。2×23 年6 月30 日，相关法律手续办理完毕，甲公司取得乙公司控制权。2×23 年6 月30 日，甲公司普通股每股面值为1 元，市价为13 元；乙公司可辨认净资产的账面价值为16 000 万元，公允价值为17 000 万元。合并前甲公司与乙公司及其原控股股东之间不存在关联方关系。不考虑其他因素，下列关于该项企业合并的表述中，正确的有（　　）。

A. 购买日为2×23 年4 月1 日

B. 购买日合并成本为78 000 万元

C. 该项合并属于非同一控制下的控股合并

D. 购买日甲公司个别资产负债表确认资本公积5 200 万元

11. 下列关于非同一控制下企业合并中合并成本与被购买方购买日可辨认净资产公允价值份额的差额的会计处理中，正确的有（　　）。

A. 将合并成本高于被购买方购买日可辨认净资产公允价值份额的差额冲减资本公积

B. 将合并成本高于被购买方购买日可辨认净资产公允价值份额的差额单独确认为一项资产

C. 将合并成本低于被购买方购买日可辨认净资产公允价值份额的差额计入当期损益

D. 将合并成本低于被购买方购买日可辨认净资产公允价值份额的差额作为递延收益，分期计入损益

12. 下列关于反向购买的说法中，正确的有（　　）。

A. 合并财务报表的比较信息应当是法律上子公司的比较信息

B. 合并财务报表中的权益结构应当反映法律上母公司的权益结构

C. 合并财务报表中，法律上子公司的资产、负债应当以合并日的公允价值列示

D. 少数股东权益应当反映少数股东按持股比例计算享有的法律上母公司合并前净资产账面价值的份额

13. 甲公司为一家规模较小的上市公司，乙公司为某大型未上市的公司。2×23 年1 月1 日，甲公司向乙公司原股东定向增发1 500 万股普通股以取得乙公司全部的2 000 万股普通股。当日，甲公司每股股票的公允价值为20 元，乙公司每股股票的公允价值为15 元。合并前，甲公司发行的股票为500 万股，每股面值为1 元；合并日甲公司可辨认净资产公允价值为8 000 万元。不考虑其他因素，下列处理中正确的有（　　）。

A. 该企业合并的合并成本为10 000 万元

B. 合并财务报表中列示的股本为2 667 万元

C. 合并财务报表中确认的商誉为4 000 万元

D. 乙公司应在其个别报表中确认对甲公司的长期股权投资10 000 万元

14. 下列关于企业合并的说法中，正确的有（　　）。

A. 企业合并前后报表主体会发生变化

B. 企业合并中的参与各方必然会形成母子公司关系

C. 企业合并中的合并方需要在其个别报表中确认长期股权投资

D. 企业合并中的合并方能够取得被合并方资产与负债的控制权

15. 企业发生的下列各项交易与事项中，属于同一控制下企业合并的有（　　）。
A. 与仅同受国家控制的甲公司间发生的企业合并
B. 与同受母公司控制的乙公司合并成立一家新公司
C. 将其全资子公司丙公司的净资产转移回本公司并将丙公司注销
D. 以现金为对价购入其下游丁公司 60% 的股权，并能对丁公司实施控制

（四）综合题

1. 2×22 年 1 月 1 日，甲公司通过向乙公司原股东定向增发 5 000 万股普通股（每股面值为 1 元，市价为 12 元）、支付现金 1 500 万元，取得乙公司 90% 股权，并能够控制乙公司。甲公司为该项交易以银行存款支付财务顾问费 200 万元以及股票发行费用 800 万元。

乙公司原股东承诺 2×22 年乙公司实现税后净利润 3 000 万元，2×23 年实现税后净利润 3 200 万元。若 2×22 年乙公司实际实现净利润不足 3 000 万元、2×23 年实际实现净利润不足 3 200 万元，不足部分由乙公司原股东以现金方式向甲公司进行支付。该现金支付应在上市公司聘请的注册会计师出具审计报告后 30 个工作日内完成。甲公司预计乙公司 2×22 年与 2×23 年能够实现乙公司原股东承诺的净利润。交易前，甲公司与乙公司及其原控股股东不存在关联方关系。假设不考虑所得税及其他因素。

2×22 年 1 月 1 日，甲公司与乙公司资产负债简表如下表所示（单位：万元）。

资产	甲公司	乙公司	负债和股东权益	甲公司	乙公司
货币资金	5 200	1 200	短期借款	4 100	2 500
应收账款	3 500	4 800	应付账款	2 000	3 100
其他应收款	1 200	0	应付职工薪酬	300	1 000
存货	16 000	11 000	应交税费	1 500	1 100
长期股权投资	10 000	0	应付债券	1 000	5 300
固定资产	20 000	16 000	负债合计	8 900	13 000
无形资产	12 000	25 000	股本	30 000	38 000
			资本公积	9 000	400
			盈余公积	8 000	600
			未分配利润	12 000	6 000
			股东权益合计	59 000	45 000
资产总计	67 900	58 000	负债和股东权益总计	67 900	58 000

2×22 年 1 月 1 日，乙公司除下列项目外，其他资产、负债的公允价值与其账面价值相同（单位：万元）：

项目	账面价值	公允价值	预计净残值	尚可使用年限
无形资产	4 500	8 500	0	5 年
固定资产	2 000	3 000	0	20 年

要求：（1）判断该企业合并的合并类型并确定合并日；

（2）计算该项企业合并的合并成本及商誉；

（3）编制甲公司取得乙公司股权的相关会计分录。

2. 沿用第1题资料，假设甲公司支付对价与所发生的费用不变，取得了乙公司100%股权，之后将乙公司注销。

要求：（1）编制甲公司取得乙公司资产与负债的相关会计分录；

（2）编制甲公司取得乙公司资产与负债后的资产负债表。

3. 甲公司为乙公司的母公司。2×21年1月1日，甲公司通过非同一控制下企业合并以银行存款3 200万元购入丁公司80%股权。购买日，丁公司可辨认净资产的账面价值与公允价值均为4 000万元。

2×22年7月1日，乙公司向甲公司支付款项2 500万元取得甲公司持有的丁公司60%股权，能够对丁公司实施控制。2×21年1月1日至2×22年7月1日，丁公司实现的净利润为800万元，无其他所有者权益变动。不考虑相关税费等因素影响。

要求：（1）判断乙公司取得丁公司股权的企业合并类型并确定合并日；

（2）计算乙公司取得丁公司60%股权的初始投资成本；

（3）编制乙公司取得丁公司60%股权的相关会计分录。

4. 甲公司为境内上市公司。2×22年8月31日，甲公司董事会审议通过以换股方式取得乙公司100%股权的议案。2×22年12月18日，证券监管机构核准了该交易方案。甲、乙公司普通股每股面值均为1元。2×22年12月31日，甲公司向乙公司控股股东发行12 000万股普通股，取得乙公司100%股权（4 000股普通股），有关股份登记和股东变更手续当日完成；同日，甲公司、乙公司的董事会进行了改选，乙公司原控股股东开始控制甲公司，甲公司开始控制乙公司。2×22年12月31日，甲公司普通股的公允价值为每股5元，乙公司普通股的公允价值为每股15元。甲公司为实施上述换股合并发生会计师、律师、评估师等费用850万元。

2×22年12月31日，甲、乙公司部分资产负债表项目如下表所示（单位：万元）：

项目	甲公司	乙公司
固定资产	2 300	5 600
无形资产	1 800	6 700
资产总额	20 000	35 000
负债总额	16 000	13 700
股本	2 000	4 000
资本公积	400	800
盈余公积	900	1 500
未分配利润	700	15 000
股东权益合计	4 000	21 300

2×22 年 12 月 31 日，甲、乙公司除下列项目外，其他资产、负债的公允价值与其账面价值相同（单位：万元）：

项目	账面价值	公允价值	预计净残值	尚可使用年限
无形资产（甲公司）	1 500	3 500	0	5 年
固定资产（乙公司）	3 000	4 000	0	20 年

上述两项资产均采用年限平均法（直线法）进行折旧（摊销），不考虑其他因素。

要求：(1) 判断此项企业合并的类型以及会计上的购买方与被购买方，并说明理由。

(2) 计算甲公司取得乙公司 100% 股权的长期股权投资初始投资成本，并编制相关会计分录。

(3) 计算该项企业合并的合并成本及商誉。

(4) 计算购买日合并资产负债表中固定资产、无形资产、股本、资本公积、盈余公积和未分配利润的列报金额。

5. 沿用第 1 题资料，假设甲公司支付对价与所发生的费用不变，取得了乙公司 100% 股权，交易后乙公司仍维持其独立法人资格继续经营。企业合并后，乙公司采用下推会计按照合并中确定的可辨认资产、负债的公允价值调整其账面价值。

要求：(1) 编制乙公司采用下推会计时的会计分录。

(2) 编制乙公司采用下推会计后购买日的资产负债表。

第二章

合并财务报表（上）

一、重难点解析

（一）合并财务报表的特点与作用

合并财务报表是反映母公司和其全部子公司形成的企业集团整体财务状况、经营成果和现金流量的财务报表，由母公司以集团内各公司个别财务报表为基础进行编制。合并财务报表能够提供反映企业集团整体经营的会计信息，以满足企业集团内部管理与集团股东了解母公司所能控制资源的信息需要。

（二）合并理论

合并财务报表的编制应当由内在一致的观点来指导，以解决其中遇到的各种问题，这被称为合并理论。目前形成的合并理论有所有权理论、母公司理论与实体理论，国际财务报告准则与我国企业会计准则主要采用的是实体理论。我国企业会计准则在对合并财务报表中个别问题的处理上采用的是母公司理论。

（三）合并范围的确定

我国企业会计准则以实体理论作为编制合并报表的理论基础，以控制为基础确定合并范围，并针对所有类型的被投资方采用统一的控制判断模型。控制是指投资方拥有对被投资方的权力，通过参与被投资方的相关活动而享有可变回报，并且有能力运用对被投资方的权力影响其回报金额。控制的第一个要素是投资方对被投资方拥有权力，该权力是投资方主导被投资方相关活动的现时能力，是一种实质性权利，通常表现为表决权，但有时也可能表现为其他合同安排；控制的第二个要素是投资方能够通过参与被投资方的相关活动而享有可变回报；控制的第三个要素是投资方必须有能力运用对被投资方的权力影响其回报金额，权力的行使人为主要责任人而非代理人。

如果母公司是投资性主体，则只应将那些为投资性主体的投资活动提供相关服务的子公司纳入合并范围，其他子公司不应予以合并，母公司对其他子公司的投资应当按照公允价值计量且其变动计入当期损益。但该投资性主体合并报表的豁免不能上推至其母公司。

（四）合并财务报表的程序

合并财务报表是以个别财务报表为基础，在工作底稿上完成各报表项目的调整与抵销，最后得出合并数。对这一过程中工作底稿、抵销与调整分录的理解非常重要。

二、练习题

（一）单项选择题

1. 下列关于合并财务报表合并范围的表述中，正确的是（　　）。
   A. 合并财务报表的合并范围应当以控制为基础予以确定
   B. 母公司应当将其全部子公司纳入合并财务报表的合并范围
   C. 投资方持有被投资方不到半数表决权时表明投资方对被投资方不拥有权力
   D. 投资方在判断是否拥有对被投资方的权力时应当仅考虑与被投资方相关的保护性权利
2. 下列关于合并财务报表的说法中，不正确的是（　　）。
   A. 合并财务报表由母公司编制
   B. 合并财务报表反映母公司股东所拥有的资源的情况
   C. 合并财务报表编制以母、子公司个别报表为基础编制
   D. 合并财务报表的主体是由母、子公司组成的会计主体
3. 下列合并理论中，在合并财务报表中确认完全商誉的是（　　）。
   A. 实体理论　　B. 综合理论
   C. 所有权理论　　D. 母公司理论
4. 根据我国企业会计准则，下列与投资性主体相关的说法中不正确的是（　　）。
   A. 母公司（非投资性主体）应当将其全部子公司纳入合并范围
   B. 如果母公司是投资性主体，为投资性主体的投资活动提供服务的子公司不纳入合并范围，其他子公司应予以合并
   C. 如果一个投资性主体的母公司本身不是投资性主体，应当将投资性主体以及通过投资性主体间接控制的主体纳入合并范围
   D. 如果母公司是投资性主体，只应将为投资性主体的投资活动提供相关服务的子公司纳入合并范围，其他子公司不应予以合并

5. 甲公司拥有乙、丙、丁与戊等四家子公司，其下属子公司的会计政策和会计估计均符合会计准则规定。不考虑其他因素，甲公司在编制合并财务报表时，对其子公司进行的下述调整中，正确的是（　　）。
   A. 将乙公司的固定资产、无形资产的折旧和摊销年限按照与甲公司相同的期限进行调整
   B. 将丙公司投资性房地产的后续计量模式由成本模式调整为与甲公司相同的公允价值模式
   C. 将丁公司一年以内应收账款坏账准备的计提比例由3%调整为与甲公司相同的计提比例5%
   D. 将戊公司闲置不用但没有明确处置计划的机器设备由固定资产调整为持有待售非流动资产并相应调整后续计量模式

6. 在判断投资方是否拥有对被投资方的权力时，仅实质性权利才应当被加以考虑。关于实质性权利的下列说法中，正确的是（　　）。

A. 实质性权利不需要考虑潜在表决权

B. 实质性权利只能是当前能够执行的权利

C. 投资方对被投资方与其关联方进行交易的否决权是实质性权利

D. 实质性权利是对被投资方的相关活动进行决策时，有实际能力行使的可执行权利

7. 如果甲公司是投资性主体，下列说法中不正确的是（　　）。

A. 甲公司作为母公司，应当将其所有子公司纳入合并范围

B. 甲公司应将为其投资活动提供相关服务的子公司纳入合并范围

C. 甲公司的母公司应当将甲公司以及通过甲公司间接控制的主体纳入合并财务报表范围

D. 甲公司对为其投资活动提供相关服务的子公司以外的其他子公司的投资，应当按照公允价值计量且其变动计入当期损益

8. 确定能否控制被投资单位时需要考虑潜在表决权。下列关于潜在表决权的说法中，正确的是（　　）。

A. 不需要考虑其他企业或个人在被投资单位的潜在表决权

B. 当期可执行的认股权证属于在评估控制时应当考虑的潜在表决权

C. 潜在表决权会影响子公司损益在母公司与少数股东间的分配比例

D. 仅需考虑可能会提高本企业在被投资单位持股比例的潜在表决权

9. 投资方能够控制被投资方的要求之一是投资方能够通过参与被投资方的相关活动而享有可变回报。下列关于可变回报的说法中，正确的是（　　）。

A. 可变回报可以同时包括正回报和负回报

B. 投资方取得的固定管理费不属于可变回报

C. 只有一个投资方能够享有被投资方的可变回报

D. 被投资方不能以股利形式进行利润分配的，投资方不能享有可变回报

10. 下列合并财务报表的处理方法中，不符合我国企业会计准则要求的是（　　）。

A. 非同一控制下企业合并中的商誉分属于母公司与少数股东

B. 将少数股东对子公司净资产的要求权列示于合并资产负债表的所有者权益下

C. 同一控制下企业合并中的少数股东权益的计算以子公司可辨认净资产账面价值为基础

D. 非同一控制下企业合并中的少数股东权益的计算以子公司可辨认净资产公允价值为基础

（二）判断题

1. 投资方对被投资方的权力只能来自表决权。　　（　　）

2. 根据我国企业会计准则，合并财务报表中确认的商誉仅包括母公司享有的份额。　　（　　）

3. 实体理论下，合并财务报表中的少数股东权益按其在合并日的公允价值计量。　　（　　）

4. 控制的主体是唯一的，不可能出现多个投资方同时对同一被投资方具有控制权的情况。（ ）

5. 被母公司所控制的被投资方只能是一个企业法人。（ ）

6. 当两个或两个以上投资方能够分别单方面主导被投资方的不同相关活动时，能够主导对被投资方回报产生最重大影响活动的一方拥有对被投资方的权力。（ ）

7. 在判断投资方是否拥有对被投资方的权力时，仅实质性权利才应当被加以考虑。（ ）

8. 投资方持有半数或半数以下表决权时，为否决投资方而需要联合一致的行动方越多，投资方越有可能有现时能力主导被投资方相关活动。（ ）

9. 被投资方为信托机构时，投资方不能通过股利形式从该被投资方取得可变回报，因此，无法对其实施控制。（ ）

10. 母公司不能将自行清算的子公司纳入合并财务报表范围。（ ）

（三）多项选择题

1. 下列表述中，属于合并财务报表特点的有（ ）。
   A. 合并财务报表的编制主体是母公司
   B. 合并财务报表的编制遵循特定的方法
   C. 合并财务报表以企业集团的母公司及各子公司的个别报表为基础
   D. 合并财务报表反映的是由母、子公司组成的企业集团的财务状况、经营成果及现金流量

2. 下列应纳入投资方合并财务报表范围的有（ ）。
   A. 能被投资方控制的子公司
   B. 投资方能够对其经营与财务决策进行重大影响的被投资企业
   C. 投资方拥有60%股权，但由被投资方与其他方共同控制的合营企业
   D. 投资方不拥有股权，但通过其他合同约定投资方具有控制权的被投资企业

3. 在判断投资方是否能够控制被投资方时，下列各项中，属于投资方应当具备的要素有（ ）。
   A. 拥有对被投资方的权力
   B. 参与被投资方的财务和经营政策决策
   C. 通过参与被投资方的相关活动而享有可变回报
   D. 有能力运用对被投资方的权力影响其回报金额

4. 下列关于采用实体理论编制合并财务报表的说法中，正确的有（ ）。
   A. 合并商誉包括少数股东享有的部分
   B. 少数股东损益为合并净利润中少数股东享有的份额
   C. 将少数股东权益在合并资产负债表中的负债部分列示
   D. 采用单一的计量属性（公允价值）计量子公司的可辨认资产与负债

5. 下列各项中，属于投资性主体具备的特征的有（ ）。
   A. 拥有一个投资者
   B. 拥有一个以上投资者

C. 投资者不是该主体的关联方

D. 该主体的所有者权益以股权或类似权益存在

6. 下列关于合并财务报表工作底稿的调整与抵销分录的说法中，正确的有（　　）。

A. 分录的借贷方均为会计科目

B. 分录根据母、子公司的经济业务编制

C. 分录不会影响母、子公司个别报表中的数据

D. 分录应当遵循“有借必有贷，借贷必相等”的基本规则

7. 在判断决策者是否为代理人时需要考虑的因素有（　　）。

A. 决策者的薪酬水平

B. 其他方享有的实质性权利

C. 决策者对被投资方的决策权范围

D. 决策者因持有被投资方的其他权益而承担可变回报的风险

8. 子公司是被母公司控制的主体。下列各项中，属于被母公司控制的主体存在形式的有（　　）。

A. 企业　　B. 企业的分公司

C. 企业所控制的结构化主体　　D. 被投资单位中可分割的部分

9. 甲公司持有乙公司40%有表决权股份，其他15个投资方各持有乙公司4%有表决权股份，且15个投资者之间或其中一部分股东之间不存在进行集体决策的协议。根据全体股东协议，甲公司有权聘任或解聘董事会多数成员，董事会主导被投资者的相关活动。下列有关权力的说法中，正确的有（　　）。

A. 甲公司持有乙公司表决权不足50%，不拥有对乙公司的权力

B. 其他15个投资方共计持有乙公司60%表决权，拥有对乙公司的权力

C. 甲公司对乙公司持股比例虽不足50%，但综合考虑全体股东协议，甲公司拥有对乙公司的权力

D. 其他15个投资方虽共计持有乙公司60%表决权，但不能进行集体决策，不拥有对乙公司的权力

10. 下列各项中，属于合并财务报表编制前准备事项的有（　　）。

A. 统一母、子公司会计政策

B. 统一母、子公司会计期间

C. 对子公司以外币表示的财务报表进行折算

D. 将母、子公司个别财务报表数据进行加总

（四）案例分析题

1. 甲公司为大型工程车辆生产企业。2×23年3月，甲公司通过购买乙公司40%的股权，成为乙公司第一大股东。除甲公司外，乙公司另外还有3位股东，3位股东持股比例分别为20%、20%与20%。乙公司章程规定，公司重大财务和经营决策由董事会决定。乙公司董事会由7名董事构成，其中甲公司有权委派4名董事，其余股东可以各委派1名董事，公司董事会决议需要经半数董事表决通过。

甲公司取得乙公司股权后，仅向乙公司委派了3名董事，其余股东各委派了1名董事，

乙公司董事会董事共计 6 名。乙公司章程同时规定，第一大股东甲公司有权否决董事会决议。

要求：判断甲公司是否应该将乙公司纳入合并范围？简要说明理由。

2. 2×23 年 5 月，某集团母公司甲公司与其子公司 A 公司共同投资设立一家子公司乙公司，其中甲公司投资 600 万元，持股比例 25%；A 公司投资 1 800 万元，持股比例 75%。乙公司的章程规定，公司重大财务和经营决策由董事会决定。乙公司董事会由 5 名董事构成，其中甲公司有权委派 3 名董事，A 公司有权委派 2 名董事，公司董事会决议需要经过半数董事表决通过。同时甲公司与 A 公司商定，乙公司的管理层由 A 公司委派，但所有重大事项必须上报董事会表决。

要求：判断甲公司是否应该将乙公司纳入合并范围？简要说明理由。

3. 甲公司为一家金融保险公司。2×23 年，甲公司独自出资 4 000 万元，在某市民政局登记，设立了一家养老服务中心（以下简称"养老中心"），提供居家家政服务、康复保健、法律维权、日间照料等居家养老服务。甲公司设立养老中心，既可以履行企业社会责任，又可以作为一个服务载体，逐步扩大养老保险产品的销售规模。

该中心的法律形式为民办非企业单位，属于非营利组织，其不以营利为宗旨和目的，且根据《民办非企业单位登记暂行办法》，创办非企业单位须在其章程或合伙协议中载明该单位的盈利不得分配，解体时财产不得私分。根据养老中心的章程，其经费收入只能用于章程规定的业务，盈余不能进行分红。该养老中心自设立以来，基本实现盈亏平衡，甲公司预计养老中心在现有运营规模下，未来收入和费用也会基本持平。养老中心的最高权力机构为理事会，理事会由多名理事构成，其中甲公司推荐 2 人，业务主管单位推荐 1 人。修改章程、解散、变更形式的决议必须经全体理事 2/3 以上通过有效，其他决议经全体理事过半数通过有效。

要求：判断甲公司是否应将该养老中心纳入合并范围？简要说明理由。

4. 甲公司是一家集团公司，持有乙公司 100% 的股权，并向乙公司提供借款，以支持其运营。乙公司因经营不善导致长期亏损，资产不足以清偿全部债务，且继续获取融资的能力不足。考虑到乙公司的财务状况和经营业绩，甲公司在其个别财务报表中对乙公司的股权投资和债权全额计提减值准备。为了维护集团整体利益，帮助乙公司摆脱经营困境，甲公司决定对乙公司申请破产重整，预计乙公司很可能完成重整，并在重整完成后将继续营业。

2×22 年 9 月 27 日，甲公司作为乙公司的主要债权人，以乙公司无法清偿到期债务为由，向乙公司所在地人民法院申请对乙公司进行破产重整。2×22 年 10 月 12 日，人民法院经审查后裁定乙公司进行破产重整，并指定 A 律师事务所为破产管理人。经乙公司申请，法院批准乙公司可以在破产管理人的监督下自行管理财产和营业事务。因此，乙公司在破产重整期间仍维持原有的营业事务，对营业事务的决策机制也未发生改变。乙公司应当自人民法院裁定重整之日起六个月内，向人民法院和债权人会议提交重整计划草案，草案应包括未来经营方案、债权调整和受偿方案、重整计划执行期限等内容。截至 2×22 年 12 月 31 日，乙公司尚未向法院提交重整计划草案，相关计划预计将于 2×23 年 4 月提交。

甲公司在编制 2×22 年度合并财务报表时，以乙公司已经进入破产重整程序、法院已指定 A 律师事务所作为破产管理人为由，认为自己已经丧失了对乙公司的控制权，不再将乙公司纳入合并范围。

要求：判断甲公司不将乙公司纳入合并范围是否合适？简要说明理由。

第三章

合并财务报表（中）

一、重难点解析

（一）非同一控制下企业合并合并日合并财务报表编制

1. 对合并日合并资产负债表的理解

合并资产负债表反映母公司股东所能控制的所有资源，因此，应将子公司所有资产与负债合并入报表。其中，母公司资产与负债按原账面价值列示，子公司资产与负债按公允价值列示。所有者权益部分由归属于母公司的所有者权益与少数股东权益构成，少数股东权益为购买日子公司可辨认净资产公允价值中少数股东的份额。

2. 合并工作底稿中的抵销与调整分录

合并工作底稿中，要将子公司可辨认资产与负债由账面价值调整为公允价值，再将母公司的长期股权投资与子公司所有者权益进行抵销，确认商誉与少数股东权益。在合并工作底稿中，按购买日子公司可辨认资产与负债项目公允价值与账面价值差额，借（贷）“应收账款”“存货”“固定资产”“无形资产”“应付账款”等价值变动项目，差额调整“资本公积”；按子公司调整后的所有者权益，借记子公司“股本”“资本公积”“盈余公积”“未分配利润”“其他综合收益”及“商誉”等，贷记“长期股权投资”及“少数股东权益”。

（二）同一控制下企业合并合并日合并财务报表编制

1. 对合并日合并财务报表的理解

与非同一控制下企业合并合并日合并财务报表不同之处有三点：一是母公司与子公司资产与负债均按账面价值列示；二是合并日除编制合并资产负债表外，还需要编制合并利润表与合并现金流量表，分别应当包括母子公司双方自合并当期期初至合并日产生的净利润及现金流量；三是在合并资产负债表中需要将子公司在合并前形成的留存收益进行恢复。

2. 合并工作底稿中的抵销与调整分录

在合并工作底稿中，按子公司账面价值借记“股本”“资本公积”“盈余公积”“未分配利润”及“其他综合收益”等，贷记“长期股权投资”及“少数股东权益”。同时，对于被并方在合并前实现的留存收益（盈余公积和未分配利润之和），应自主并方的资本公积转入盈余公积和未分配利润。

（三）长期股权投资的后续计量

1. 成本法

成本法下，投资方的长期股权投资按取得成本入账后始终保持原始成本金额，不随被投资方所有者权益变动而变动，被投资方发放股利或分配利润时，投资方才确认投资收益。我国企业会计准则规定，投资方对子公司的长期股权投资在个别财务报表中采用成本法核算。

2. 权益法

权益法下，投资方的长期股权投资根据被投资单位所有者权益的变动而调整其投资账面价值。权益法下的会计处理通常可以细分为三种方法：简单权益法、不完全权益法（又称部分权益法或购买法下权益法）和完全权益法（又称复杂权益法）。

但在合并财务报表中应当反映母公司采用权益法核算长期股权投资的结果，在编制合并财务报表时应将成本法转换为权益法。根据我国合并财务报表准则，编制合并财务报表时首先将对子公司投资核算的成本法调整为不完全权益法，调整子公司净利润时不考虑未实现内部交易损益，对逆流交易未实现损益相关的少数股东权益和少数股东损益，单独编制抵销分录进行补充。因此，从本质上看，我国企业会计准则是首先采用不完全权益法对成本法进行调整，而后通过单独分录进行补充，最终处理结果与完全权益法相同。

（四）非同一控制下企业合并合并日后合并财务报表编制

非同一控制下控股合并在购买日后的各资产负债表日，母公司不仅要编制合并资产负债表，而且还需要编制合并利润表、合并现金流量表及合并所有者权益变动表。

1. 按权益法对母公司财务报表项目进行调整。在编制购买日后合并财务报表时，应在合并工作底稿中将长期股权投资成本法核算的结果调整为权益法核算的结果。具体地，借（贷）记“长期股权投资”项目，贷（借）记“投资收益”等项目调整当期成本法与权益法下投资收益的差额，贷（借）记“年初未分配利润”调整以前年度成本法与权益法下投资收益的累计差额。

2. 按公允价值对子公司财务报表项目进行调整。母公司在编制购买日后合并财务报表时必须以购买日子公司资产、负债的公允价值为基础，对子公司财务报表项目进行调整。按公允价值对子公司财务报表项目进行调整包括两个事项，一是根据购买日子公司资产和负债公允价值与账面价值之间的差额及前期累计摊销额，调整子公司相关资产、负债、资本公积及年初未分配利润；二是根据购买日子公司资产与负债公允价值与账面价值差额的摊销对子公司当期净利润的影响，调整子公司利润表中各成本费用或损益金额。

3. 抵销母公司长期股权投资与子公司所有者权益。在合并工作底稿中，按上述调整后的余额，借记子公司“股本”“资本公积”“盈余公积”“未分配利润”“其他综合收益”及“商誉”等，贷记“长期股权投资”与“少数股东权益”。

4. 抵销母公司投资收益与子公司利润分配等项目。将对子公司的投资收益与子公司当年利润分配相抵销，使合并财务报表反映母公司股东权益变动的情况。在合并工作底稿中，借记“投资收益”“少数股东损益”“年初未分配利润”等，贷记“提取盈余公积”“向股东分配利润”及“年末未分配利润”等。其中，投资收益与少数股东损益为母公司与少数股东享有的子公司调整后净利润的份额，年初与年末未分配利润为逐期对子公司净利润项目进行调整后的结果。

（五）同一控制下企业合并合并日后合并财务报表编制

同一控制下企业合并合并日后合并财务报表编制与非同一控制下企业合并合并日后合并财务报表编制基本原理相似，不同的地方在于以下几点：一是不需要对子公司的可辩认净资产价值进行调整；二是不需要对子公司利润表中的各费用项目进行调整；三是对于被并方在合并前实现的留存收益（盈余公积和未分配利润之和），应自主并方的资本公积转入盈余公积和未分配利润。

二、练习题

（一）单项选择题

1. 下列关于非同一控制下企业合并合并日合并资产负债表的说法中，正确的是（　　）。

A. 合并资产负债表中应列示母公司对子公司的长期股权投资

B. 合并资产负债表中母、子公司的资产与负债均以公允价值列示

C. 母公司应仅将其享有的子公司净资产份额部分资产与负债纳入合并资产负债表

D. 少数股东享有的对子公司净资产的要求权应列示于合并资产负债表所有者权益部分

2. 2×23 年 1 月 1 日，甲公司支付现金 600 万元购入乙公司 100% 股权，购买日乙公司可辨认净资产账面价值为 500 万元，其中仅有一项无形资产公允价值高于账面价值 100 万元。该无形资产尚可使用 10 年，采用直线法摊销，预计净残值为零。2×23 年乙公司实现净利润 50 万元，所有者权益其他项目未发生变化，期初未分配利润为 0。甲、乙公司合并前不存在关联方关系，均按照净利润的 10% 提取盈余公积。2×23 年年末，甲公司编制投资收益和利润分配抵销分录时，应抵销的乙公司期末未分配利润为（　　）万元。

A. 0　　　　B. 45

C. 36　　　　D. 35

3. 下列关于合并资产负债表中所有者权益项目的表述中，不正确的是（　　）。

A. 所有者权益中的股本为母公司发行的普通股的面值

B. 少数股东权益表示少数股东对子公司净资产的要求权

C. 所有者权益总额与母公司个别报表中的所有者权益金额总是相等

D. 所有者权益中未分配利润为母公司以权益法核算对子公司长期股权投资的结果

（第 4 题至第 7 题资料）2×23 年 1 月 1 日，甲公司向乙公司原股东增发 6 000 万股普通股取得乙公司全部股份（非同一控制下控股合并），甲公司普通股每股面值 1 元，市价 8 元。甲公司为该项企业合并发生财务及法律服务费 200 万元。购买日，甲公司与乙公司处理企业合并交易前资产与负债信息如下表所示（单位：万元）：

项目	甲公司	乙公司	
	账面价值	账面价值	公允价值
流动资产	14 000	6 000	6 000
存货	19 000	14 500	15 200
固定资产	23 000	18 000	18 000
无形资产	40 000	23 000	30 000
长期负债	54 000	34 000	36 000
股本	30 000	15 000	—
资本公积	10 000	8 000	—
留存收益	2 000	4 500	—

4. 甲公司合并日合并资产负债表中应列示的商誉金额为（　　）万元。

A. 14 800　　B. 15 000

C. 20 700　　D. 20 500

5. 甲公司合并日合并资产负债表中应列示的无形资产金额为（　　）万元。

A. 63 000　　B. 70 000

C. 84 800　　D. 40 000

6. 甲公司合并日合并资产负债表中应列示的股本金额为（　　）万元。

A. 30 000　　B. 36 000

C. 45 000　　D. 51 000

7. 甲公司合并日合并资产负债表中应列示的留存收益金额为（　　）万元。

A. 2 000　　B. 6 500

C. 1 800　　D. 6 300

8. 甲公司持有乙公司90%有表决权股份，是乙公司的母公司，甲公司不存在其他子公司。2×23年甲公司个别利润表中列示的投资收益为2 000万元。2×23年乙公司实现净利润1 500万元，其他综合收益增加300万元，分派现金股利200万元。不考虑其他因素，2×23年甲公司合并利润表中投资收益项目列示的金额为（　　）万元。

A. 380　　B. 650

C. 1 820　　D. 2 000

9. 2×22年1月1日，甲公司从外部购入乙公司80%有表决权的股份，构成非同一控制下企业合并。当日，乙公司可辨认净资产公允价值为9 000万元，账面价值为8 500万元，两者间的差异为一项管理用固定资产评估增值。该项固定资产采用年限平均法计提折旧，净残值为0，预计仍可使用10年。2×23年12月31日，甲、乙公司个别资产负债表中固定资产总额为9 000万元。不考虑其他因素，甲公司2×23年12月31日合并资产负债表中固定资产的金额为（　　）万元。

A. 9 000　　B. 9 400

C. 9 450　　D. 9 500

10. 2×23年1月1日，甲公司从集团外部购入乙公司60%有表决权的股份，构成非同一控制下企业合并。2×23年乙公司实现净利润600万元，分派现金股利200万元，乙公司按购买日公允价值持续计算的净利润为500万元。2×23年12月31日，甲公司个别资产负债表中所有者权益总额为1 000万元，不考虑其他因素，甲公司2×23年12月31日合并资产负债表中归属于母公司所有者权益的金额为（　　）万元。

A. 180　　B. 1 000

C. 1 180　　D. 1 240

11. 下列关于同一控制下控股合并合并财务报表的说法中，正确的是（　　）。

A. 合并留存收益应当反映母公司个别报表中的留存收益

B. 合并利润表中归属于母公司的净利润是以成本法为基础计算的结果

C. 合并日合并利润表中仅反映母公司从合并当期期初至合并日的收入与费用

D. 合并利润表中子公司的费用类项目以合并日相关项目账面价值为基础进行计算

12. 下列各项中，不会引起合并资产负债表中少数股东权益变化的是（　　）。

A. 合并后子公司实现净收益

B. 合并后子公司分配现金股利

C. 合并后子公司其他综合收益发生变动

D. 合并后子公司可辨认净资产公允价值发生变动

13. 2×22年1月1日，甲公司以银行存款5 000万元购入乙公司80%股权，取得乙公司控制权（非同一控制下企业合并）。当日，乙公司除一项管理用固定资产公允价值高于账面价值1 200万元外，其他可辨认净资产账面价值与公允价值均相等。该项固定资产尚可使用20年，采用年限平均法计提折旧，净残值为0。2×22年与2×23年，乙公司分别实现净利润1 000万元与1 300万元，分配现金股利200万元与300万元。甲公司在编制合并财务报表时采用权益法调整对子公司的长期股权投资。不考虑其他因素，甲公司编制2×23年合并财务报表调整分录时，按照权益法应将长期股权投资调整为（　　）万元。

A. 6 344　　B. 6 744

C. 5 000　　D. 6 360

14. 2×22年1月1日，甲公司通过非同一控制下企业合并取得乙公司90%股权。购买日，乙公司存在一项管理用资产的公允价值与账面价值不同，该资产将在2年内按直线法进行摊销。下列关于甲公司编制2×22年与2×23年合并财务报表的说法中，不正确的是（　　）。

A. 2×23年不需要对乙公司个别报表中的期初未分配利润进行调整

B. 2×22年与2×23年均需要对乙公司个别报表中的管理费用进行调整

C. 2×23年合并资产负债表中乙公司资产项目直接以账面价值进行列示

D. 2×22年编制合并财务报表时应当同时调整乙公司相关资产与资本公积

15. 母公司对非同一控制下的企业合并中取得的子公司财务报表进行合并时，以下关于母公司投资收益和子公司利润分配抵销分录的表述中，不正确的是（　　）。

A. 以子公司实现的净利润计算少数股东损益

B. 按子公司实际分配数对子公司利润分配有关项目进行抵销

C. 以子公司调整后的净利润为基础计算应抵销的母公司投资收益

D. 按调整后的期初未分配利润和净利润减去利润实际分配后的余额抵销子公司期末未分配利润

（二）判断题

1. 根据我国企业会计准则，母公司对其持有的子公司的投资可以根据内部管理需要选择成本法或者权益法在个别报表中报告。（　）

2. 根据我国企业会计准则，合并财务报表中确认的商誉仅包括母公司享有的份额。（　）

3. 合并财务报表中列示的少数股东权益为其在子公司个别报表净资产账面价值中所享有的份额。（　）

4. 合并利润表中的投资收益不包括母公司对子公司的投资收益。（　）

5. 合并资产负债表中的未分配利润，应当反映母公司采用权益法核算对子公司投资的结果。（　）

6. 如果不存在集团内部交易，则在编制合并利润表时不需要对母公司除投资收益外的当期收入与费用进行调整。（　）

7. 非同一控制下企业合并合并后第一年编制的合并利润表，应当包含母、子公司双方自合并当期期初至合并日实现的净利润。（　）

8. 将母公司对子公司的长期股权投资由成本法调整为权益法再编制合并财务报表，其结果与直接在成本法基础上编制的结果一致。（　）

9. 合并财务报表中"向股东分配利润"项目应当反映母公司及子公司向各自股东分配利润之和。（　）

10. 非同一控制下企业合并合并资产负债表中固定资产为母公司及各子公司固定资产账面价值之和。（　）

（三）多项选择题

1. 同一控制下企业合并中的母公司，在合并日应当编制的合并财务报表有（　）。

A. 合并利润表　　B. 合并资产负债表

C. 合并现金流量表　　D. 合并所有者权益变动表

2. 下列各项中，母公司在编制合并财务报表时需要进行抵销调整处理的有（　）。

A. 母公司对子公司长期股权投资与其享有的子公司所有者权益的份额

B. 非同一控制下控股合并中子公司可辨认净资产公允价值与账面价值的差额

C. 母公司对联营企业的长期股权投资与其享有的联营企业的所有者权益的份额

D. 非同一控制下控股合并中子公司合并前形成留存收益的金额，从母公司资本公积调整入留存收益

3. 2×23 年 1 月 1 日，甲公司从外部购入乙公司 70% 股权，形成非同一控制下控股合并。乙公司为甲公司唯一的子公司。购买日，乙公司可辨认净资产公允价值为 4 000 万元。2×23 年，乙公司按购买日可辨认净资产公允价值为基础计算的净利润为 400 万元，分派现金股利 100 万元，不存在其他所有者权益变动项目。2×23 年 12 月 31 日，甲公司个别财务报表中所有者权益总额为 7 000 万元。不考虑其他因素，下列关于甲公司 2×23 年合并财务报表列报的表述中正确的有（　）。

A. 合并利润表中少数股东损益为 120 万元

B. 合并资产负债表中少数股东权益为 1 290 万元

C. 合并资产负债表中股东权益总额为 8 500 万元

D. 合并资产负债表中归属于母公司的股东权益为 7 210 万元

4. 下列各项中，需要按购买日子公司可辨认净资产公允价值为基础进行计量的有（　　）。

A. 合并资产负债表中相关资产项目

B. 合并利润表中对子公司的投资收益

C. 子公司个别资产负债表中相关资产项目

D. 合并利润表中归属于少数股东的净利润

5. 合并后连续编制合并财务报表时，将母公司财务报表以成本法核算的结果调整为以权益法核算的结果需要考虑的项目有（　　）。

A. 投资收益　　B. 其他综合收益

C. 长期股权投资　　D. 期初未分配利润

6. 2×22 年 1 月 1 日，甲公司从外部购入乙公司 80% 的股权，能够对乙公司实施控制。甲公司无除乙公司以外的其他子公司。2×22 年，乙公司以购买日可辨认净资产公允价值为基础计算的本年净利润为 2 000 万元，无其他所有者权益变动。2×22 年 12 月 31 日，甲公司合并财务报表中少数股东权益为 800 万元。2×23 年，乙公司以购买日可辨认净资产公允价值为基础计算的净亏损为 4 500 万元，无其他所有者权益变动。2×23 年年末，甲公司个别财务报表中所有者权益总额为 8 000 万元。不考虑其他因素，下列各项关于合并财务报表列报的表述中，正确的有（　　）。

A. 2×22 年度少数股东损益为 400 万元

B. 2×23 年度少数股东损益为 -900 万元

C. 2×23 年 12 月 31 日少数股东权益为 0

D. 2×23 年 12 月 31 日归属于母公司的股东权益为 4 400 万元

7. 下列关于合并利润表中合并净利润的说法中，正确的有（　　）。

A. 母公司实现的净利润不归少数股东享有

B. 少数股东仅享有部分子公司实现的净利润

C. 包括归属于母公司股东的净利润与少数股东损益

D. 由母公司个别财务报表中净利润与子公司个别财务报表中净利润相加得到

8. 2×22 年 1 月 1 日，甲公司自母公司（丁公司）取得乙公司 80% 股权，当日，乙公司个别财务报表中净资产账面价值为 4 200 万元。该股权系丁公司于 2×21 年 6 月自公开市场购入，丁公司在购入乙公司 80% 股权时确认了 500 万元商誉。2×22 年 1 月 1 日，乙公司净资产按丁公司取得该股权时公允价值为基础持续计算的金额为 5 600 万元。2×22 年度与 2×23 年度，乙公司以丁公司取得控制权日可辨认净资产公允价值为基础的净利润分别为 500 万元与 -6 000 万元，2×22 年乙公司分配现金股利 400 万元。不考虑其他因素，下列说法中正确的有（　　）。

A. 甲公司取得乙公司 80% 时不确认新的商誉

B. 甲公司取得乙公司 80% 为同一控制下企业合并

C. 2×23 年 12 月 31 日，甲公司合并资产负债表中少数股东权益为 -60 万元

D. 2×22 年 12 月 31 日，甲公司合并资产负债表中少数股东权益为 1 140 万元

9. 2×23 年 1 月 1 日，甲公司通过增发面值为 1 元的 1 000 万股普通股，取得乙公司 90% 股权，形成同一控制下企业合并。合并日乙公司净资产在最终控制方合并财务报表中的账面价值为 1 800 万元。自乙公司处于同一控制下至该同一控制下合并日，乙公司实现留存收益 800 万元。不考虑其他因素，下列关于甲公司合并财务报表的说法中，正确的有（　　）。

A. 甲公司在合并日仅需要编制合并资产负债表

B. 甲公司应当在个别报表中确认资本公积 620 万元

C. 甲公司在合并日编制合并资产负债表时应当调整减少资本公积 720 万元

D. 甲公司在合并日后连续编制合并资产负债表时应当调整减少资本公积 720 万元

10. 2×22 年 1 月 1 日，甲公司以银行存款 8 000 万元购入乙公司 70% 的有表决权股份，形成非同一控制下企业合并。购买日乙公司可辨认净资产公允价值为 12 000 万元，账面价值 11 000 万元，差额是由乙公司一批存货所引起的。至 2×22 年 12 月 31 日，乙公司该批存货有 60% 已对外出售，剩余 40% 于 2×23 年对外出售。2×23 年甲公司实现净利润 2 000 万元，其中投资收益 600 万元；乙公司实现净利润 1 500 万元，分配现金股利 200 万元，个别报表中投资收益为 0。不考虑其他因素，下列关于甲公司 2×23 年合并财务报表的说法中，正确的有（　　）。

A. 投资收益的金额为 460 万元

B. 少数股东损益的金额为 330 万元

C. 调整子公司期初未分配利润 600 万元

D. 归属于母公司所有者的净利润的金额为 2 190 万元

11. 在连续编制合并财务报表时，下列经济业务要通过“未分配利润——年初”项目予以调整与抵销的有（　　）。

A. 上期母公司成本法下对子公司的投资收益高于权益法下的投资收益

B. 本期母公司成本法下对子公司的投资收益高于权益法下的投资收益

C. 购买日子公司固定资产公允价值高于账面价值的差额在本期的摊销额

D. 购买日子公司固定资产公允价值高于账面价值的差额在上一期的摊销额

12. 在个别财务报表基础上，合并财务报表通常需要增设的项目有（　　）。

A. 在合并所有者权益变动表增设“少数股东权益”栏目

B. 在合并利润表中“净利润”项目下，增设“归属于母公司所有者的净利润”和“少数股东损益”两个项目

C. 在合并资产负债表的所有者权益项目下，增设“归属于母公司所有者权益合计”和“少数股东权益”项目

D. 在合并利润表中“综合收益总额”项目下，增设“归属于母公司所有者的综合收益总额”和“归属于少数股东的综合收益总额”两个项目

13. 以下关于合并资产负债表项目抵销与调整的说法中，正确的有（　　）。

A. 子公司的所有者权益中，只需抵销母公司享有的份额部分

B. 子公司存在少数股东的，在抵销母公司长期股权投资与子公司所有者权益时应当同时确认少数股东权益

C. 同一控制下的企业合并中，母公司对子公司的长期股权投资与母公司享有子公司

在最终控制方合并财务报表中所有者权益账面价值的份额应相互抵销

D. 非同一控制下的企业合并中，在购买日，母公司对子公司的长期股权投资大于母公司享有子公司可辨认净资产公允价值份额的差额，应确认为商誉

14. 不考虑集团内部交易、期中合并的情况下，下列各项中应计入合并利润表中净利润的有（　　）。

A. 母公司对子公司的投资收益

B. 子公司调整后的当期全部收入与费用

C. 母公司当期实现的除投资收益外的全部收入与费用

D. 前期母公司对子公司长期股权投资成本法与权益法的累计差额

15. 下列关于合并资产负债表中所有者权益项目的说法中，正确的有（　　）。

A. 非同一控制下企业合并合并日合并资产负债表中资本公积与母公司个别报表中资本公积相等

B. 非同一控制下企业合并合并日后合并资产负债表中资本公积与母公司个别报表中资本公积相等

C. 合并资产负债表中少数股东权益等于子公司可辨认净资产账面价值乘以少数股东持股比例

D. 合并资产负债表中少数股东权益与归属于母公司股东所有者权益之比等于少数股东与母公司持股数量之比

（四）综合题

1. 2×22 年 1 月 1 日，甲公司向 A 公司定向增发本公司普通股股票 2 000 万股，换取 A 公司所持有乙公司 80% 有表决权股份。交易完成后，甲公司对乙公司董事会进行改组，能够指派乙公司 8/10 的董事会成员，取得乙公司的控制权。当日，甲公司普通股股价为每股 25 元。甲公司为定向增发普通股股票支付佣金和手续费 100 万元，支付合并业务相关评估费用 10 万元，相关款项已通过银行存款支付。甲公司与 A 公司在交易前不存在关联方关系。

2×22 年 1 月 1 日，乙公司可辨认资产、负债的公允价值及其账面价值如下表所示（单位：万元）：

资产	账面价值	公允价值	负债和股东权益	账面价值	公允价值
货币资金	5 200	5 200	负债合计	8 900	8 900
应收账款	3 500	3 500	股本	20 000	—
其他应收款	1 200	1 200	资本公积	9 000	—
存货	16 000	16 000	盈余公积	8 000	—
固定资产	20 000	20 900	未分配利润	12 000	—
无形资产	12 000	12 500	股东权益合计	49 000	—
资产总计	57 900	59 300	负债和股东权益总计	57 900	—

乙公司某项固定资产原取得成本为 6 000 万元，预计使用年限为 20 年，预计净残值为 0，采用年限平均法计提折旧；该固定资产在购买日已使用 5 年，仍可使用 15 年，公允价值

为5 400万元，交易后折旧方法及预计净残值不变。乙公司无形资产原取得成本为1 500万元，预计使用年限为15年，预计净残值为0，采用直线法进行摊销；该无形资产在购买日的公允价值为1 500万元，已使用5年，仍可使用10年，摊销方法及预计净残值不变。假定乙公司此两项资产均为管理使用；固定资产、无形资产的折旧（或摊销）年限、折旧（或摊销）方法及预计净残值均与税法规定一致。

乙公司2×22年与2×23年分别实现净利润7 000万元与8 500万元，分配现金股利1 000万元与1 500万元，提取盈余公积700万元与850万元。假设不考虑其他因素。

2×22年12月31日，甲公司与乙公司财务报表如下表所示：

资产负债表

2×22年12月31日　　　　单位：万元

资产	甲公司	乙公司	负债和股东权益	甲公司	乙公司
货币资金	22 100	4 900	应付账款	3 200	4 000
应收账款	20 900	12 600	应付职工薪酬	8 800	2 500
存货	23 000	15 000	应交税费	4 400	3 000
长期股权投资	76000	0	负债合计	16 400	9 500
固定资产	49 000	19 000	股本	40 000	20 000
无形资产	18 400	13 000	资本公积	60 000	9 000
			盈余公积	15 000	8 700
			未分配利润	78 000	17 300
			股东权益合计	193 000	55 000
资产总计	209 400	64 500	负债和股东权益总计	209 400	64 500

利润表

2×22年度　　　　单位：万元

项目	甲公司	乙公司
一、营业收入	167 000	81 000
减：营业成本	103 130	58 000
管理费用	25 000	12 000
财务费用	13 900	600
加：其他收益	0	120
投资收益	1 200	0
资产减值损失	1 020	900
资产处置收益（损失以“－”号填列）	350	0
二、营业利润	25 500	9 620
加：营业外收入	4 500	1 500
减：营业外支出	1 100	800
三、利润总额	28 900	10 320
减：所得税费用	10 200	3 320

续表

项目	甲公司	乙公司
四、净利润	18 700	7 000
部分股东权益变动：		
一、年初未分配利润	63 500	12 000
二、本年增减变动金额		
1. 提取盈余公积	1 700	700
2. 对股东的分配	2 500	1 000
三、年末未分配利润	78 000	17 300

要求：(1) 判断甲公司对乙公司的合并类型，并简要说明理由；

(2) 计算甲公司对乙公司长期股权投资的投资成本，编制其取得乙公司80%股权时的会计分录；

(3) 计算甲公司合并乙公司中形成的商誉的金额，并编制2×22年1月1日甲公司合并工作底稿中的调整与抵销分录；

(4) 完成甲公司2×22年度合并工作底稿；

合并工作底稿

2×22年度　　　　单位：万元

项目	甲公司	乙公司	调整与抵销分录		合并数
			借	贷	
（利润表项目）					
一、营业收入					
减：营业成本					
管理费用					
财务费用					
加：其他收益					
投资收益					
资产减值损失					
资产处置收益（损失以“－”号填列）					
二、营业利润					
加：营业外收入					
减：营业外支出					
三、利润总额					
减：所得税费用					
四、净利润					
其中：归属于母公司股东的净利润					

续表

项目	甲公司	乙公司	调整与抵销分录		合并数
			借	贷	
少数股东损益					
五、其他综合收益的税后净额					
六、综合收益总额					
其中：归属于母公司股东的综合收益					
归属于少数股东的综合收益					
（部分股东权益变动表项目）					
一、年初未分配利润					
二、本年增减变动金额					
1. 提取盈余公积					
2. 对股东的分配					
三、年末未分配利润					
（资产负债表项目）					
货币资金					
应收账款					
存货					
长期股权投资					
固定资产					
无形资产					
商誉					
资产总计					
负债：					
应付账款					
应付职工薪酬					
应交税费					
负债合计					
股东权益：					
股本					
资本公积					
盈余公积					
未分配利润					
归属于母公司股东权益合计					
少数股东权益					
股东权益合计					
负债和股东权益总计					

（5）编制甲公司 2×23 年度合并工作底稿中的调整与抵销分录。

2. 沿用第 1 题资料，假设 2×22 年 1 月 1 日前后 12 个月内，甲公司与 A 公司均由最终控制方 P 所控制，乙公司净资产在最终控制方合并财务报表中账面价值与其个别财务报表中账面价值相等。其他条件不变，假设不考虑其他因素。

要求：（1）判断甲公司对乙公司的合并类型，并简要说明理由；

（2）计算甲公司对乙公司长期股权投资的投资成本，编制其取得乙公司 80% 股权时的会计分录；

（3）编制甲公司 2×22 年度合并工作底稿中的调整与抵销分录；

（4）编制甲公司 2×23 年度合并工作底稿中的调整与抵销分录。

第四章

合并财务报表（下）

一、重难点解析

（一）集团内部交易的合并处理

1. 集团内部资产交易的合并处理

合并财务报表以由母公司及其控制的子公司所组成企业集团为报告主体，因此，集团内部成员企业间发生的交易而各自记录的项目需要进行抵销与调整。具体的处理原则是：只有当商品向集团外部第三方出售或内部耗用时，内部交易的损益才能在合并财务报表中确认；需要将集团内部发生交易的损益进行递延，直至交易的商品向集团外部第三方出售或内部耗用时才能予以确认。

对于内部存货交易，按上期期末内部交易未实现的损益对本期期初未分配利润的影响，借记“年初未分配利润”项目，贷记“营业成本”项目；对于本期发生内部购销活动的，按内部商品销售价格，借记“营业收入”项目，贷记“营业成本”项目；按期末存货价值中包含的未实现内部交易损益，借记“营业成本”项目，贷记“存货”项目。

对于内部固定资产交易，将内部固定资产交易的资产处置收益与固定资产原价中包含的未实现内部交易损益予以抵销，即按销售企业确认的资产处置收益，借记“资产处置收益”项目，贷记“固定资产”项目；将上期期末（本期期初）内部交易固定资产价值中包含的未实现内部交易损益进行抵销，调整年初未分配利润与固定资产，即按年初固定资产价值中包含的未实现内部交易损益的金额，借记“年初未分配利润”项目，贷记“固定资产”项目；将当期因内部固定资产交易未实现损益而多计提的折旧费用和累计折旧予以抵销，按当期多计提的数额，借记“固定资产——累计折旧”项目，贷记“管理费用”等项目。对于固定资产在后续使用过程中使用期限未满而提前清理或者使用期限届满后超期使用的情况，根据相关原理进行处理。

2. 集团内部债权债务的合并处理

母公司与子公司、子公司相互之间的债权和债务项目，是指母公司与子公司、子公司相互之间的应收账款与应付账款、预付账款和预收账款、应付债券与债券投资等项目。合并财务报表仅反映集团与外部单位间的债权债务及与之相关的项目，为此，在编制合并财务报表时应当将母、子公司个别报表中的内部债权债务等项目予以抵销。

3. 逆流交易的合并处理

根据实体理论，子公司向母公司出售资产而发生的未实现损益，在调减合并净利润时应当按照母公司与少数股东的持股比例在“归属于母公司股东的净利润”与“少数股东损益”间进行分配抵销。具体来说，对集团内部逆销业务进行合并处理时，除按上述顺销要求进行抵销外，还应当进行如下处理：按少数股东在交易当期未实现逆销交易损益中的份额，借记“少数股东权益”项目，贷记“少数股东损益”项目；在连续编制合并财务报表时，对年初未实现逆销交易损益，按母公司与少数股东所持比例在“年初未分配利润”与“少数股东权益”间进行分配抵销，以重建正确的两个项目的期初数；年初未实现逆销交易损益在当期实现，调增当期合并净利润时，应当同时按少数股东在其中所占份额，借记“少数股东损益”项目，贷记“少数股东权益”项目。

（二）对所得税的合并处理

为了使合并财务报表全面反映所得税的相关影响，在计算确定合并财务报表中资产、负债的账面价值与计税基础之间差异的基础上，应确认相应的递延所得税资产或递延所得税负债。

1. 与子公司资产与负债相关的所得税的合并处理

子公司资产与负债在合并资产负债表中的金额可能不同于其在所属纳税主体的计税基础，编制合并日合并财务报表时，需要根据上述两金额间的差异确认递延所得税资产或递延所得税负债。在购买日后的期间，随着子公司相关项目的耗用、出售及转销，还需要对合并日确认的递延所得税资产与递延所得税负债进行转销，计入转销期间所得税费用。

2. 与内部应收款项相关的所得税的合并处理

因内部应收款的债权人的内部应收款账面价值与计税基础间存在差异，因此会在其个别财务报表中确认递延所得税资产。编制合并财务报表时，随着内部债权债务及计提的坏账准备的抵销，由内部应收账款账面价值与计税基础之间的差异所形成的暂时性差异不复存在，对上述内部应收款债权人在其个别报表中确认的递延所得税资产则需要进行抵销处理。

3. 与内部存货及固定资产交易相关的所得税的合并处理

合并资产负债表所列示的内部交易形成的存货和固定资产金额与其计税基础（内部交易形成资产在其持有企业中的账面价值）不一致，存在着暂时性差异。编制合并财务报表时，必须对这一暂时性差异确认递延所得税资产或递延所得税负债。

（三）多次交易实现控制及取得控制权后的股权变动

1. 多次交易实现控制的合并处理

如果分步取得对子公司股权投资直至取得控制权的各项交易属于“一揽子交易”，应当将各项交易作为一项取得子公司控制权的交易进行会计处理。如果不属于一揽子交易，在取得控制权之前，按长期股权投资准则进行处理；在取得控制权日，个别财务报表中应仍按长期股权投资准则进行处理，但在合并财务报表中需要对个别报表中的核算结果进行调整。

对于多次交易分步实现非同一控制下企业合并的，根据我国合并财务报表准则，如果分步交易实现控制不属于“一揽子交易”，在合并财务报表中，对于购买日之前持有的被购买方的股权，应当按照该股权在购买日的公允价值进行重新计量，公允价值与其账面价值之间的差额计入当期投资收益；购买日之前持有的被购买方的股权涉及权益法核算下的其他综合收益以及除净损益、其他综合收益和利润分配外的其他所有者权益变动的，与其相关的其他综合收益、其他所有者权益变动应当转为当期收益，由于被投资方重新计量设定受益计划净负债或净资产变动而产生的其他综合收益等不能重分类进损益的其他综合收益除外。

对于多次交易分步实现同一控制下企业合并的，在编制合并财务报表时，应视同参与合并的各方在最终控制方开始控制时即以目前的状态存在进行调整。在编制比较报表时，以不早于合并方和被合并方同处于最终控制方的控制之下的时点开始，将被合并方的有关资产、负债并入合并方合并财务报表的比较报表中，并将合并而增加的净资产在比较报表中调整所有者权益项下的相关项目。

2. 母公司取得对子公司控制权后的股权变动

在母公司取得对子公司的控制权后，在控制权不变的情况下，母公司对子公司持股比例发生变动的，会计处理则不涉及“跨界”的问题，不能够对资产进行重新计量、不能确认损益，应将这类交易作为股东与股东之间的交易，即“权益性交易”处理，将其中出现的价值差额调整所有者权益。

3. 部分处置对子公司的投资而丧失控制权

公司因一次交易处置部分股权投资或其他原因丧失对原有子公司控制权的，在合并财务报表中，应当终止确认相关资产负债、商誉等的账面价值，并终止确认少数股东权益（包括属于少数股东的其他综合收益的账面价值）；按照丧失控制权时的公允价值重新计量剩余股权，按剩余股权对被投资方的影响程度，将剩余股权作为长期股权投资或金融工具进行核算；处置股权取得的对价与剩余股权的公允价值之和，减去按原持股比例计算应享有原有子公司自购买日开始持续计算的净资产账面价值份额与商誉之和，差额计入丧失控制权当期的投资收益；与原有子公司的股权投资相关的其他综合收益、其他所有者权益变动，应当在丧失控制权时转入当期损益，由于被投资方重新计量设定受益计划净负债或净资产变动而产生的其他综合收益等不能重分类进损益的其他综合收益除外。

企业通过多次交易分步处置对子公司股权投资直至丧失控制权，在合并财务报表中，首先应判断分步交易是否属于“一揽子交易”。如果分步交易不属于“一揽子交易”，则在丧失对子公司控制权以前的各项交易，按照不丧失控制权下部分处置对子公司的投资的规定进行会计处理。如果分步交易属于“一揽子交易”，则应将各项交易作为一项处置原有子公司并丧失控制权的交易进行会计处理。

（四）合并现金流量表的编制

合并现金流量表是综合反映母公司及其子公司组成的企业集团在一定会计期间现金流入、现金流出数量及其增减变动情况的财务报表。合并现金流量表可以以母公司和子公司的个别现金流量表为基础进行编制，在抵销母公司与子公司、子公司相互之间发生内部交易对合并现金流量表的影响后，由母公司编制；合并现金流量表也可以以合并资产负债表和合并利润表为依据进行编制。

在以母公司和子公司个别现金流量表为基础编制合并现金流量表时，应通过合并工作底稿对母公司与子公司、子公司相互之间发生内部交易对合并现金流量表的影响进行抵销，需要进行抵销的内容主要有：母公司与子公司、子公司相互之间当期以现金投资或收购股权增加的投资所产生的现金流量；母公司与子公司、子公司相互之间当期取得投资收益收到的现金，应当与分配股利、利润或偿付利息支付的现金相抵销；母公司与子公司、子公司相互之间以现金结算债权与债务所产生的现金流量；母公司与子公司、子公司相互之间当期销售商品所产生的现金流量；母公司与子公司、子公司相互之间处置固定资产、无形资产和其他长期资产收回的现金净额，应当与购建固定资产、无形资产和其他长期资产支付的现金相互抵销；母公司与子公司、子公司相互之间当期发生的其他内部交易所产生的现金流量应当抵销。

二、练习题

（一）单项选择题

1. 甲公司是乙公司的母公司。当期甲公司将其产品以高于生产成本的价格出售给乙公司，乙公司将该批产品作为存货入库。至当期期末，乙公司仍持有部分该批存货未对外出售。不考虑其他因素，下列项目中，不属于甲公司合并工作底稿的合并分录中需要抵销或调整的是（　　）。

A. 存货　　B. 营业收入

C. 营业成本　　D. 少数股东权益

2. 甲公司是乙公司的母公司。2×21 年 7 月 1 日，甲公司将其账面价值为 200 万元的商标使用权以 300 万元的价格销售给乙公司，乙公司将商标使用权作为无形资产核算，预计仍可使用 5 年，预计净残值为 0，采用直线法进行摊销。不考虑其他因素，该无形资产在甲公司 2×23 年 12 月 31 日合并资产负债表中列示的金额为（　　）万元。

A. 100　　B. 200

C. 150　　D. 300

3. 甲公司持有乙公司 70% 的有表决权股份，是乙公司的母公司，且甲公司仅有乙公司一家子公司。2×23 年 9 月 10 日，甲公司将一批未计提减值准备的产品出售给乙公司，售价为 1 200 万元，成本为 1 000 万元。2×23 年年末，乙公司已将该批存货对外出售 50%，结存的存货期末未发生减值。2×23 年，甲公司不包括对子公司投资收益的净利润为 2 000 万元，乙公司按购买日公允价值持续计算的净利润为 500 万元。不考虑其他因素，则甲公司 2×23 年合并利润表中合并净利润为（　　）万元。

A. 2 250　　B. 2 300

C. 2 400　　D. 2 500

4. 下列关于合并工作底稿中的抵销处理中，不正确的是（　　）。

A. 子公司之间出售资产所发生的未实现内部交易损益，应当全额抵销“归属于母公司所有者的净利润”

B. 母公司向子公司出售资产所发生的未实现内部交易损益，应当全额抵销“归属于母公司所有者的净利润”

C. 子公司少数股东分担的当期亏损超过少数股东在该子公司期初所有者权益中所享有份额的，其余额仍应当冲减少数股东权益

D. 子公司向母公司出售资产所发生的未实现内部交易损益，应当按母公司与少数股东的持股比例抵销“归属于母公司所有者的净利润”和“少数股东损益”

5. 甲公司以现金 1 550 万元取得乙公司 60% 的股权，构成非同一控制下企业合并。合

并日，乙公司可辨认净资产账面价值为 900 万元，除一项无形资产公允价值高于账面价值 100 万元外，其他各项资产与负债公允价值与账面价值相等。甲公司、乙公司适用的所得税税率均为 25%。甲公司在该项企业合并中应当确认的商誉为（　　）万元。

A. 950　　B. 965

C. 1 010　　D. 1 055

6. 2×23 年 3 月，甲公司将生产成本为 1 000 万元的设备以 1 100 万元的价格（不含增值税）销售给其全资子公司乙公司作为管理用固定资产。乙公司采用年限平均法对该设备计提折旧，设备预计使用年限为 10 年，预计净残值为 0。甲公司、乙公司适用的所得税税率均为 25%。假定该固定资产的折旧方法、折旧年限和预计净残值均与税法规定一致。则甲公司编制 2×23 年合并财务报表时，因该设备相关的未实现内部销售利润的抵销而减少合并净利润的金额为（　　）万元。

A. 69.375　　B. 75

C. 92.5　　D. 100

7. 甲公司持有乙公司 80% 股权，是乙公司的母公司。2×23 年 11 月 30 日，甲公司以不含税价格 4 000 万元向乙公司销售一批商品，该批商品成本为 3 200 万元。至 2×23 年 12 月 31 日，乙公司已将该批商品的 70% 对外销售。不考虑其他因素，甲公司在编制 2×23 年 12 月 31 日合并资产负债表时，应抵销的“存货”项目金额为（　　）万元。

A. 192　　B. 240

C. 640　　D. 800

8. 甲公司持有乙公司 80% 的有表决权股份，能够对乙公司实施控制。2×23 年 12 月 1 日，乙公司将其生产的一批成本为 700 万元的产品出售给甲公司，不含税售价为 800 万元。至 2×23 年 12 月 31 日，甲公司已将该批存货的 40% 对外出售，结存的存货期末未发生减值。则 2×23 年度合并利润表中因该事项应列示的营业成本为（　　）万元。

A. 320　　B. 280

C. 224　　D. 256

9. 甲公司持有乙公司 80% 股权，为乙公司的母公司。2×22 年 6 月 15 日，乙公司将其产品以 200 万元的市场价格销售给甲公司，销售成本为 150 万元。甲公司购入后作为固定资产使用，按 5 年的期限、采用年限平均法对该项资产计提折旧，预计净残值为 0。不考虑其他因素，甲公司在编制 2×23 年合并利润表时，该业务对“合并净利润”的影响金额为（　　）万元。

A. 10　　B. 35

C. 8　　D. 28

10. 下列各项中，不影响合并利润表中“少数股东损益”项目的是（　　）。

A. 子公司当期向母公司出售存货形成的期末存货中包含未实现损益

B. 子公司当期向母公司出售的存货期末全部对外出售

C. 母公司期初持有的存货来自内部交易且包含未实现损益，该批存货于当期全部出售

D. 子公司以高于生产成本的价格将产品出售给母公司，母公司立即作为固定资产投入使用且于当期计提折旧

11. 甲公司持有乙公司 90% 股权，为乙公司的母公司。2×23 年 6 月，乙公司将生产成

本为 1 520 万元设备以 2 000 万元的价格（不含增值税）销售给甲公司作为管理用固定资产。甲公司于收到当日投入使用，并采用年限平均法对该设备计提折旧，该设备预计使用年限为 10 年，预计净残值为 0。假定甲、乙公司适用的所得税税率均为 25%。不考虑其他因素，因该设备相关的未实现内部销售利润的抵销而影响 2×23 年少数股东损益的金额为（　　）万元。

A. 45.6　　B. 34.2

C. 41.04　　D. 30.78

12. 母公司将其产品以高于生产成本的价格销售给子公司作为管理用固定资产，预计使用期限为 10 年。交付使用的第二年连续编制合并财务报表时，下列项目中不需要进行抵销的是（　　）。

A. 固定资产　　B. 管理费用

C. 资产处置收益　　D. 期初未分配利润

13. 下列各项业务中，不需要在合并财务报表中确认或者抵销递延所得税资产或递延所得税负债的是（　　）。

A. 非同一控制下企业合并中于购买日确认的商誉

B. 集团内部交易形成的固定资产中包含未实现损益

C. 集团内部应收账款债权人在其个别报表中对该债权计提坏账准备

D. 非同一控制下企业合并中，合并日子公司存货公允价值高于其在个别报表中的账面价值

14. 甲公司是乙公司的母公司。2×23 年度，甲公司和乙公司个别现金流量表中“销售商品、提供劳务收到的现金”项目的金额分别为 2 000 万元和 1 000 万元，“购买商品、接受劳务支付的现金”项目的金额分别为 1 800 万元和 800 万元。2×23 年，甲公司收到当期向乙公司销售商品的现金 200 万元，上期向乙公司销售的货款 300 万元也于 2×23 年收回。不考虑其他因素，2×23 年度合并现金流量表中“销售商品、提供劳务收到的现金”项目的金额为（　　）万元。

A. 3 000　　B. 2 500

C. 2 800　　D. 1 500

15. 2×22 年 12 月 31 日，甲公司以 6 000 万元为对价取得乙公司 70% 的股权，能够对乙公司实施控制，形成非同一控制下的企业合并。购买日，乙公司可辨认净资产公允价值为 5 000万元。2×23 年 12 月 31 日，乙公司向少数股东增发股份，少数股东增资 1 300 万元。增资前乙公司个别报表中净资产账面价值为 6 200 万元，按购买日可辨认净资产公允价值持续计算的净资产账面价值为 7 500 万元。增资后，甲公司持有乙公司股权比例下降为 60%，仍能够对乙公司实施控制。不考虑所得税和其他因素影响，增资后编制合并资产负债表时应调增资本公积的金额为（　　）万元。

A. −750　　B. −160

C. 30　　D. 130

（二）判断题

1. 母公司编制合并财务报表时，应将非全资子公司向其销售商品形成的内部交易未实

现损益全部在“归属于母公司股东的净利润”中进行抵销。（　）

2. 根据我国企业会计准则，母公司应根据购买日所确认商誉的账面价值与计税基础间的差异，在合并资产负债表中确认相应的递延所得税项目。（　）

3. 在合并财务报表中，对于不属于“一揽子交易”的多次交易分步实现非同一控制下企业合并，母公司应按购买日的公允价值对购买日之前持有的被购买方的股权进行重新计量。（　）

4. 母公司购买子公司少数股东权益所支付对价高于子公司自购买日净资产公允价值持续计算的金额中相应份额的，差额应当计入当期损益。（　）

5. 编制合并财务报表时，集团内部各子公司间当期销售商品所产生的现金流量应当予以抵销。（　）

6. 连续编制合并财务报表时，对年初存在的未实现逆销内部交易损益，应按母公司与少数股东持股比例在“年初未分配利润”与“少数股东权益”间进行分配抵销。（　）

7. 当内部交易形成的存货于当期全部对外销售时，不考虑其他因素，合并资产负债表中的存货项目按母公司与子公司存货之和列示。（　）

8. 在不丧失控制权的情况下，母公司因子公司少数股东增资而导致股权稀释的，应当按权益性交易处理。（　）

9. 在合并财务报表中，子公司少数股东分担的当期亏损超过少数股东在该子公司期初所有者权益中享有的份额的，应以该期初份额为限进行冲减，冲减后少数股东权益不会出现负数。（　）

10. 母公司从外部市场购入子公司发行的债券时，购入价格与债券发行方该债券的账面价值间的差额应在回购当期合并财务报表中确认为投资收益。（　）

（三）多项选择题

1. 甲公司是乙公司的母公司。2×23 年 6 月 30 日，甲公司向乙公司赊销一批产品，销售价格为 1 000 万元，增值税税额为 130 万元，实际成本为 800 万元；相关应收款项至当年年末尚未收到，甲公司对其计提了坏账准备 40 万元。至 2×23 年 12 月 31 日，乙公司已将该批产品全部对外销售。不考虑其他因素，甲公司编制 2×23 年度合并财务报表时的下列会计处理中，正确的有（　）。

A. 抵销营业收入 1 000 万元　　B. 抵销营业成本 800 万元

C. 抵销信用减值损失 40 万元　　D. 抵销应收与应付款项 1 130 万元

2. 母公司于 2×22 年从其非全资子公司处购入存货，该批存货中的 60% 未对外销售而形成期末存货，期末存货中包含内部交易未实现损益。至 2×23 年 12 月 31 日，该批存货剩余 60% 部分仍未对外出售。不考虑其他因素，下列项目中，母公司在编制 2×23 年合并财务报表时需要进行调整的有（　）。

A. 存货　　B. 少数股东权益

C. 营业成本　　D. 期初未分配利润

3. 2×23 年 1 月 1 日，甲公司以 1 000 万元作为合并对价从非关联方取得乙公司 80% 股权，取得乙公司的控制权。当日，乙公司可辨认净资产账面价值为 900 万元，不存在公允价值与账面价值不相等的项目。2×23 年 7 月 1 日，乙公司将一项账面价值为 300 万元的无形资产以400万元的价格出售给甲公司，该项无形资产尚可使用年限10年，预计净残值为0，采用直线法进行摊销。2×23年乙公司实现净利润200万元，2×23年未发生其他内部交易。不考虑其他因素，下列关于甲公司2×23年合并财务报表编制的说法中，正确的有（　　）。

A. 合并资产负债表中列示的商誉为280万元

B. 合并资产负债表中列示的少数股东权益为200万元

C. 合并利润表中列示的对子公司的投资收益为84万元

D. 甲公司长期股权投资与乙公司所有者权益进行抵销时，长期股权投资为按权益法调整后的金额1 084万元

4. 甲公司是乙公司的母公司。2×23年9月30日，甲公司向乙公司销售未计提存货跌价准备的产品一件，销售价格1 000万元，增值税税额130万元，销售成本880万元，相关款项已收存银行。乙公司将购入的商品作为管理用固定资产（增值税进项税额可抵扣）于当日投入使用，预计使用年限为10年，预计净残值为0，采用年限平均法计提折旧。甲、乙公司适用的所得税税率均为25%，不考虑其他因素。甲公司编制2×23年合并财务报表时，下列关于该项内部交易的调整与抵销处理中，正确的有（　　）。

A. 抵销管理费用3万元　　B. 抵销固定资产117万元

C. 抵销资产处置收益120万元　　D. 调增递延所得税资产29.25万元

5. 甲公司是乙公司的母公司。2×23年1月1日，甲公司以1 340万元的价格购入乙公司两年前发行的5年期债券的一部分，并将其分类为以摊余成本计量的金融资产。当日该部分债券在乙公司个别报表中以应付债券列示，账面价值为1 000万元。不考虑其他因素，甲公司编制2×23年度合并财务报表时的合并工作底稿中应当抵销或调整的项目有（　　）。

A. 应付债券　　B. 债权投资

C. 投资收益　　D. 财务费用

6. 2×21年6月1日，甲公司通过非同一控制下企业合并取得乙公司80%股权。2×22年与2×23年，甲公司分别实现净利润1 200万元与1 500万元，乙公司按购买日可辨认净资产公允价值为基础的净利润分别为300万元与500万元。2×22年12月1日，乙公司以150万元的价格向甲公司出售一批存货，该批存货未发生减值，成本为120万元，至2×22年12月31日，甲公司将上述存货60%对外出售，剩余存货于2×23年全部对外出售。不考虑其他因素，下列关于甲公司合并财务报表的表述中，正确的有（　　）。

A. 2×22年少数股东损益为57.6万元

B. 2×22年归属于母公司净利润为1 430.4万元

C. 2×23年少数股东损益为100万元

D. 2×24年归属于母公司净利润为1 900万元

7. 甲公司是乙公司的母公司。2×23年，乙公司将成本为800万元未计提跌价准备的库存商品出售给甲公司，售价为1 000万元。至2×23年12月31日，甲公司将购入的该批商品的70%对外出售，售价为900万元。不考虑其他因素，下列甲公司编制2×23年合并财务报表的会计处理中，正确的有（　　）。

A. 抵销存货200万元　　B. 抵销营业收入1 000万元

C. 抵销营业成本800万元　　D. 合并利润表中列示营业收入900万元

8. 下列关于分步交易（不属于一揽子交易）实现非同一控制下企业合并的会计处理中，

不正确的有（　　）。

A. 对于购买日之前持有的股权投资采用权益法进行会计处理的，合并财务报表层面以原股权账面价值与新增股权公允价值之和作为合并成本

B. 对于购买日之前持有的股权投资作为金融工具核算的，应以原股权账面价值与新增股权公允价值之和作为合并成本

C. 对于购买日之前持有的股权投资作为其他权益工具投资核算的，原计入其他综合收益的累计公允价值变动应转入留存收益

D. 对于购买日之前持有的股权投资采用权益法进行会计处理的，合并财务报表时不需要对原股权的价值进行调整

9. 下列关于母公司购买子公司少数股东股权的会计处理中，正确的有（　　）。

A. 母公司应根据长期股权投资准则要求确定新购入股权的入账价值

B. 母公司应将支付对价的公允价值大于取得股权享有的可辨认净资产公允价值份额的差额确认为当期损益

C. 母公司增持后子公司净资产价值仍以合并日确定的价值为基础进行计量

D. 母公司支付对价的公允价值小于取得股权享有的自合并日开始持续计算的金额差额，应调增资本公积

10. 下列关于内部交易及其未实现损益的合并处理中，正确的有（　　）。

A. 当期内部交易形成期末未实现损益的，应当调减当期合并净利润

B. 期初内部交易未实现损益在当期实现的，应当调增当期合并净利润

C. 内部交易形成期末未实现损益的，应当调整期末合并资产负债表中资产的列示金额

D. 当期发生内部交易但并不存在期末未实现损益的，期末编制合并财务报表时不需要进行调整处理

11. 下列关于内部逆销交易及其未实现损益的合并处理中，不正确的有（　　）。

A. 当期内部逆销交易形成期末未实现损益的，应当全部调减归属于母公司的净利润

B. 期初内部交易未实现损益在当期实现的，应当按比例调增归属于母公司的净利润与少数股东损益

C. 存在期初内部交易未实现损益，应当按比例调增期初未分配利润与少数股东权益

D. 只要当期没发生内部逆销交易，期末编制合并财务报表时则不需要对其中的项目进行调整

12. 下列关于内部交易固定资产清理期间的合并处理的表述中，正确的有（　　）。

A. 使用期未满提前进行清理期间，仍需要对当期多计提的折旧予以抵销

B. 固定资产使用期满的会计期间仍然需要计提折旧，多计提的折旧费用应予以抵销

C. 在使用期满清理当期编制合并财务报表时，不需要对该项固定资产编制任何抵销分录

D. 固定资产提满折旧超期使用后进行清理的，仍需要对相关项目进行调整抵销

13. 下列业务中，应在合并现金流量表中反映的有（　　）。

A. 少数股东以现金形式向子公司增资

B. 母公司向子公司支付前欠货款

C. 子公司向少数股东支付现金股利

D. 母公司因向子公司少数股东销售固定资产收到现金

14. 下列各项中，在合并资产负债表中应当计入资本公积的有（　　）。

A. 多次交易分步实现非同一控制下企业合并中，合并前持有的被购买方股权公允价值高于账面价值的金额

B. 同一控制下企业合并中支付对价的账面价值小于取得的被并方净资产在最终控制方合并财务报表中账面价值份额的金额

C. 母公司在不丧失控制权情况下部分处置子公司投资的，处置价款大于处置部分股权相对应享有子公司自购买日起持续计算的净资产份额的金额

D. 母公司在不丧失控制权情况下部分处置子公司投资的，该部分股权中包含的商誉的价值

15. 下列各项中，母公司在编制合并财务报表时需要进行抵销处理的有（　　）。

A. 母公司与子公司之间的应收款项

B. 母公司与子公司之间当期销售商品所产生的现金流量

C. 子公司之间当期销售商品所产生的未实现内部交易损益

D. 母公司对子公司的长期股权投资与其在子公司所有者权益中享有的份额

（四）综合题

1. 2×22 年 1 月 1 日，甲公司从非关联方处取得乙公司 70% 股权，并能够对乙公司实施控制。甲公司购买乙公司股权的对价为：银行存款 5 000 万元，账面价值 5 000 万元的土地使用权（其中成本 8 000 万元，已摊销 3 000 万元），公允价值为 9 000 万元。甲公司另外支付审计、评估等费用 500 万元。当日，乙公司净资产账面价值为 11 000 万元，其中，股本 4 000万元、资本公积 1 000 万元、盈余公积 1 500 万元、未分配利润 4 500 万元；其可辨认净资产中存在一项管理用固定资产公允价值高于其账面价值 500 万元，该项固定资产仍可使用 10 年，按年限平均法计提折旧，预计净残值为 0。

2×22 年 6 月 30 日，甲公司将账面价值为 700 万元的固定资产，以 1 000 万元的价格销售给乙公司；乙公司将购进的固定资产仍作为管理用固定资产于当日投入使用，预计使用年限为 10 年，按年限平均法计提折旧，预计净残值为 0。

2×22 年 9 月 1 日，乙公司将其成本为 300 万元的产品，以 400 万元的价格销售给甲公司；甲公司将购进的商品作为存货核算，至 2×22 年 12 月 31 日，甲公司将其中的 20% 对外出售，剩余的 80% 作为存货持有；2×22 年年末甲公司仍持有的内部交易存货于 2×23 年全部对外出售。

2×22 年乙公司实现净利润 3 000 万元，计提盈余公积 300 万元，分配现金股利 500 万元。假设不考虑其他因素。

要求：（1）编制甲公司取得乙公司 70% 股权时的会计分录；

（2）编制 2×22 年年末甲公司对其持有的乙公司股权核算时的会计分录；

（3）编制甲公司 2×22 年度合并工作底稿中的调整与抵销分录；

（4）编制甲公司 2×23 年度合并工作底稿中与集团内部交易相关的调整与抵销分录。

2. 甲公司 2×20—2×23 年与对乙公司投资相关的业务资料如下：

（1）2×20 年 7 月 1 日，甲公司以银行存款 5 000 万元为对价取得乙公司 30% 的股权。

随后乙公司对其董事会进行改组，改组后乙公司的董事会由7名董事组成，其中2名董事由甲公司派出。甲公司与乙公司此前不存在任何关联方关系。当日乙公司除一项管理用固定资产（年限平均法计提折旧，预计净残值为0）的公允价值高于账面价值1 600万元外，其他可辨认资产、负债的账面价值与公允价值相等。该固定资产原值为2 000万元，已计提累计折旧400万元，原使用年限为10年，已计提折旧2年，剩余使用年限为8年。乙公司可辨认净资产的公允价值为18 000万元。

甲、乙公司双方采用的会计政策、会计期间相同，对净利润的调整不考虑所得税因素。甲公司拟长期持有该投资。

（2）2×20年11月30日，甲公司将其成本为180万元的商品以300万元的价格出售给乙公司，乙公司将其作为管理用固定资产，预计使用年限为10年，预计净残值为0，按照年限平均法计提折旧。2×20年度乙公司实现净利润2 000万元，其中上半年实现的净利润为1 500万元。

（3）截至2×22年年末，甲公司持有的对乙公司的长期股权投资账面价值为6 320万元，其中投资成本5 400万元，损益调整明细（借方）920万元。

（4）2×23年1月1日，甲公司再次从乙公司其他股东处购入乙公司40%的股权，支付价款为11 500万元。至此，甲公司对乙公司的持股比例达到70%，对乙公司具有控制权，将对乙公司的长期股权投资由权益法改按成本法进行会计核算。当日，甲公司原持有的30%的乙公司股权的公允价值为8 000万元。

要求：（1）编制2×20年7月1日甲公司取得乙公司30%股权时的会计分录；

（2）甲公司取得乙公司30%股权后采用什么方法对其进行核算？并编制2×20年度核算时的会计分录；

（3）确定2×23年1月1日甲公司个别报表中将对乙公司的投资改为成本法核算时的投资成本；

（4）确定2×23年1月1日甲公司对乙公司进行企业合并的合并成本，并编制合并财务报表中的相关调整分录。

3. 2×22年1月1日，甲公司从非关联方处取得乙公司80%的股权，合并对价为增发的1 500万股普通股和一项无形资产（土地使用权）。甲公司增发的普通股每股面值为1元，当日市价为12元；无形资产账面原值为4 500万元，已计提累计摊销2 800万元，公允价值为2 500万元。相关股权转让手续于当日办理完毕，甲公司取得对乙公司的控制权。

当日乙公司可辨认净资产的账面价值为10 300万元（包括股本5 000万元，资本公积1 300万元，盈余公积400万元，未分配利润3 600万元），其中有两个资产项目公允价值与账面价值存在差额，具体情况如下：（单位：万元）

项目	账面价值	公允价值
应收账款	190	90
固定资产	1 500	2 300

该固定资产为管理部门使用的固定资产，尚可使用年限为10年，采用年限平均法计提折旧；该应收账款于2×22年12月31日前收回。

2×22 年度乙公司实现净利润 830 万元，提取盈余公积 80 万元，其他综合收益增加 100 万元，当年未发放股利。当年乙公司向甲公司出售一批商品，售价为 500 万元，成本为 400 万元（未计提跌价准备），甲公司将购入的商品作为存货核算，至 2×22 年年末，甲公司仍持有该批存货的 40% 未对外出售。

2×23 年度乙公司实现净利润 400 万元，提取盈余公积 40 万元，当年发放现金股利 50 万元。至 2×23 年年末，甲公司将上年从乙公司购入的存货全部对外出售。

假设甲、乙公司适用的所得税税率均为 25%，预计未来期间适用的所得税税率不会发生变化，且能够产生足够的应纳税所得额用于抵减可抵扣暂时性差异，按净利润的 10% 提取盈余公积。假设该企业合并为免税合并，不考虑其他因素。

要求：(1) 编制 2×22 年 1 月 1 日甲公司取得乙公司股权时的会计分录；

(2) 编制 2×22 年年末合并财务报表中的相关调整与抵销分录；

(3) 编制 2×23 年年末合并财务报表中的相关调整与抵销分录。

4. 沿用第 1 题资料，2×23 年 1 月 1 日甲公司将其持有的乙公司股权的 1/7 对外出售，取得现金 2 500 万元存入银行。

要求：(1) 编制甲公司处理该业务的会计分录；

(2) 编制甲公司 2×23 年 12 月 31 日编制合并财务报表时对该业务的抵销与调整分录。

5. 2×22 年至 2×23 年，甲公司与对乙公司进行股权投资相关的交易或事项如下：

(1) 2×22 年 1 月 1 日，甲公司以 2 000 万元购入乙公司 15% 有表决权股份，能够对乙公司施加重大影响，采用权益法核算该股权投资；发生与该交易相关的手续费等费用共计 50 万元。上述款项均已通过银行转账支付，股权过户手续于当日办理完毕。当日，乙公司净资产账面价值为 10 000 万元，各项可辨认资产、负债的公允价值与其账面价值相同。

(2) 2×22 年，乙公司因持有分类为以公允价值计量且其变动计入其他综合收益的金融资产公允价值的变动确认其他综合收益 300 万元；此外，乙公司当期实现净利润 800 万元，未对外分配现金股利。

(3) 2×23 年 1 月 1 日，甲公司再次以现金 7 000 万元购入乙公司 40% 有表决权股份，持股比例达到 55%；甲公司原持有的乙公司 15% 的股权的公允价值为 2 500 万元。当日，乙公司股权过户手续办理完毕，甲公司对乙公司董事会进行改组，并能够对乙公司实施控制。

当日，乙公司所有者权益账面金额为 11 100 万元；除一项公允价值为 500 万元无形资产未确认入账外，乙公司其他各项可辨认资产、负债的公允价值与其账面价值相同；该无形资产预计使用年限为 10 年，预计无残值，按直线法摊销。

不考虑其他因素。

要求：(1) 计算 2×22 年 1 月 1 日甲公司取得乙公司 15% 有表决权股份的初始投资成本，并编制甲公司取得乙公司投资的会计分录；

(2) 编制 2×22 年 12 月 31 日甲公司与持有乙公司投资相关的会计分录；

(3) 编制甲公司再次取得乙公司 40% 有表决权股份时的会计分录；

(4) 计算甲公司对乙公司的企业合并成本以及应当确认的商誉金额；

(5) 编制甲公司 2×23 年 1 月 1 日合并财务报表中对原持有 15% 股份价值进行调整的合并分录。

6. 2×23 年，甲公司对乙公司进行股权投资的有关交易或事项如下：

（1）2×23 年 1 月 1 日，甲公司以现金 3 000 万元以及一项公允价值 1 500 万元的无形资产为对价，从非关联方处取得乙公司 60% 的表决权股份。当日，甲公司办理完毕股权过户手续，取得乙公司的控制权。甲公司作为对价的无形资产账面原价为 1 200 万元，累计摊销 400 万元。

2×23 年 1 月 1 日，乙公司所有者权益账面价值为 5 000 万元，其中：实收资本 2 000 万元、资本公积 1 200 万元、盈余公积 800 万元、其他综合收益 700 万元、未分配利润 300 万元。乙公司除一栋办公楼公允价值高于账面价值 900 万元外，其他各项可辨认资产、负债的公允价值与其账面价值相同；该办公楼尚可使用年限为 30 年，预计净残值为 0，采用直线法计提折旧。

（2）2×23 年，乙公司个别财务报表中报告净利润 700 万元，其他综合收益增加 100 万元，分配现金股利 200 万元。2×23 年 12 月 31 日，甲公司支付 600 万元从不存在关联方关系的乙公司少数股东处取得乙公司 10% 股权。

不考虑其他因素。

要求：（1）计算甲公司 2×23 年 1 月 1 日对乙公司进行企业合并的合并成本及合并财务报表中应当确认的商誉；

（2）编制甲公司 2×23 年 1 月 1 日取得乙公司 60% 有表决权股份的会计分录；

（3）计算甲公司 2×23 年 12 月 31 日再次取得乙公司 10% 有表决权股份后其个别财务报表中长期股权投资的账面价值；

（4）计算甲公司 2×23 年 12 月 31 日所取得乙公司 10% 有表决权股份在合并财务报表中的价值；

（5）编制甲公司 2×23 年 12 月 31 日合并财务报表中与该 10% 股权投资相关的所有者权益调整分录。

第五章

合伙企业会计

一、重难点解析

（一）合伙企业及合伙企业会计的特点

合伙企业具有合伙人之间相互代理、共同拥有合伙财产，普通合伙人对企业债务承担无限连带责任，合伙企业经营期有限，且不具法人资格，不承担法人义务，属于非纳税主体、不需要缴纳企业所得税，合伙人从合伙企业取得的投资收益，应并入个人所得，缴纳个人所得税等特点。

由于合伙企业不是法人主体，且生命有限，因此在会计处理上具有与其他企业不同的许多特点。合伙企业设置“合伙人资本”账户，相当于一般企业中的“实收资本”与“股本”账户，但其除记载各合伙人的原始投资额、追加投资额以及减少的投资额外，还应记录由“合伙人损益”账户分配结转的各合伙人应分享的合伙企业收益额或应分担的损失额。合伙企业一般不设置“资本公积”等账户。合伙企业设置“合伙人损益”账户反映合伙企业的损益形成及分配，该账户相当于公司制企业中的“本年利润”和“利润分配”账户，除记载本期自有关账户转入的损益以及损益分配的数额外，期末余额应结转至“合伙人资本”账户。合伙企业设置“合伙人提款”账户以反映合伙人提取的合伙企业资产，合伙企业以收益分配的形式给予合伙人的报酬也在该账户核算。该账户的期末借方余额应转入“合伙人资本”明细账户，作为合伙人资本的减少。

合伙企业会计在出资份额、损益分配、合伙权益变动、解散清算等方面也有许多不同于公司会计的特殊之处。另外，合伙企业财务报告主要为合伙人、合伙企业债权人与税务机构等提供反映合伙企业财务状况和经营成果的信息，因此，其编制的财务报表不同于公司会计。

（二）合伙企业的会计处理

合伙企业设立时，合伙人实际出资额等于入伙后在合伙企业权益中所占份额的，直接按实际出资额贷记“合伙人资本”账户。合伙人实际出资金额与约定的合伙权益不相等时，会计上有红利法与商誉法两种方法，红利法是将实际出资金额与约定的合伙权益之间的差额看成是一个合伙人向其他合伙人支付的一笔红利，不调整合伙企业资产价值，仅调整相关合伙人资本比例的一种方法。商誉法将实际出资金额与约定的合伙权益之间的差额看作是合伙人投入的商誉，合伙企业除确认合伙人投入的可辨认资产外，还应当在账上确认商誉。

合伙企业的利润分配与公司制企业的分配方式不同，它具有很大的灵活性，不存在“同股同权”的问题。会计核算时，合伙企业应设置“合伙人损益”账户，期末结账时应将各损益类账户年末余额结转入“合伙人损益”账户，根据合理方法计算各合伙人分配的损益（或负担的亏损）后，再由“合伙人损益”账户转入各合伙人的“合伙人资本”账户。

合伙企业新合伙人的入伙与合伙人的初始投资相类似，其会计处理方法也有红利法与商誉法两种，而原合伙人退伙一般选用红利法进行处理。

（三）合伙企业的解散与清算

合伙企业的解散清算是合伙企业的特殊会计实务，与一般公司制企业的清算处理不同。合伙企业财产在支付清算费用和职工工资、社会保险费用、法定补偿金以及缴纳所欠税款、清偿债务后的剩余财产，应按合伙协议约定的比例进行分配，如协议未进行约定的，则应平均分配。合伙企业清算时如果全部财产不足清偿其债务时，合伙人要以个人财产进行清偿。如果某个合伙人无力清偿其应负担的份额，其他一般合伙人要负连带清偿责任。

合伙企业在清算时，设置“清算损益”账户，核算企业在清算过程中所发生的费用、财产变现损益以及债权债务清算损益等。余额按损益分配比例转入每个合伙人的“合伙人资本”账户。

根据清算的不同方式，合伙企业的清算可以采用一次分配清算和分期分配清算。一次分配清算法是清偿所有债务后，将剩余资产一次性分配给合伙人的清算方法。分期分配清算法是指在清算期限较长的情况下，随着非现金资产逐步变现和债务清偿，将现金分期分批分配给各个合伙人的清算方法。

二、练习题

（一）单项选择题

1. 下列与合伙企业会计处理相关的说法中，正确的是（　　）。
   A. 合伙企业应当设置“未分配利润”账户
   B. 合伙企业的损益分配一定按照出资比例进行
   C. 新合伙人入伙时投入资金与享有伙权不等时应当确认商誉
   D. 合伙人提款账户期末应当转入“合伙人资本”账户

2. 合伙企业初创时，合伙人的投资应当计入（　　）。
   A. 资本公积　　B. 股本
   C. 合伙人资本　　D. 实收资本

3. 合伙企业应设置“合伙人提款”或“业主往来”账户，并在期末将该账户全部结转至（　　）。
   A. “资本公积”账户　　B. “投入资本”账户
   C. “本年利润”账户　　D. “合伙人资本”账户

4. 合伙企业清算时，谨慎退款方法中的“安全”是指（　　）。

A. 保证货币资金的安全
B. 保证不出现超额现金分配
C. 保证清算流程安全
D. 保证合伙人个人财产安全

5. 张三与李四共同投资设立合伙企业，分别投入现金 80 000 元和无形资产 60 000 元（公允价值），双方约定各占合伙企业的 50% 所有权。在商誉法下，应确认的商誉为(　　)元。

A. 20 000
B. －20 000
C. 10 000
D. 15 000

6. 合伙企业在清偿债务时，其正确的清偿顺序是（　　）。

A. 先偿付欠合伙人以外的债务，再偿付欠合伙人的债务
B. 先偿付欠合伙人的债务，再偿付欠合伙人以外的债务
C. 按平均比例偿付给欠合伙人以外的债务和欠合伙人的债务
D. 先偿付欠合伙人以外的债务，再偿付欠合伙人的债务，最后将剩余现金分配给合伙人

7. 由甲、乙、丙共同组成的合伙企业中，合伙协议约定按 3∶4∶3 的比例分配收益。2×23年 1 月 1 日，三位合伙人享有的合伙人资本相等。2×23 年 12 月 31 日，三位合伙人享有的合伙人资本比例为 4∶3∶3。2×23 年度，合伙企业发生经营损失 45 000 元，则合伙人甲应分担的经营损失为（　　）元。

A. 13 500
B. 15 000
C. 18 000
D. 无法确认，因合伙协议中没约定损失分配比例

8. 甲、乙两人共同投资成立合伙企业，经协商双方出资比例各为 50%。2×23 年 1 月 1 日，甲、乙两人分别以现金 9 000 元和固定资产 8 000 元（公允价值）投入该合伙企业。红利法下，该合伙企业确认的资产总额应为（　　）元。

A. 17 000
B. 18 000
C. 16 000
D. 19 000

9. 合伙企业在清算过程中，用来反映清算过程发生的清算费用和资产变现及债权债务清算损益的账户是（　　）。

A. 清算费用
B. 清算损益
C. 现金
D. 剩余收益

（二）判断题

1. 合伙企业应设置“合伙人损益”账户以反映合伙企业的损益形成及分配，在期末需将其余额转到“合伙人资本”账户。（　　）

2. 合伙企业一般来说会按各合伙人投入资产的公允价值计入各自的合伙人资本。（　　）

3. 商誉法下，新合伙人入伙的出资额超过其享有伙权的，合伙企业应当将之前经营产生的商誉确认入账。（　　）

4. 红利法下，新合伙人入伙时除确认新投入的资产外，不应当确认其他资产。（　　）

5. 合伙企业向合伙人支付的工资应作为合伙企业的一项费用列于利润表。（　　）

6. 合伙人向外部他人出售伙权的，不会影响合伙企业资本与资产总额。（　）

7. 合伙企业清算时如果全部资产不足以清偿其债务时，合伙人要以个人财产进行清偿。（　）

8. 根据合伙企业法，经全体合伙人协商一致，合伙人可以用劳务对合伙企业进行投资。（　）

（三）多项选择题

1. 合伙企业的合伙人投入资本的形式，应该在合伙协议中明确。下列各项中，可以用以投资的有（　）。

A. 现金　　B. 有价证券

C. 无形资产　　D. 劳务

2. 下列关于合伙企业会计的说法中，正确的有（　）。

A. 合伙人在任何条件下不得退伙

B. 合伙人可以在符合约定的条件下退伙

C. 合伙企业清算时各合伙人需按出资比例分配财产

D. 合伙企业损益不一定按照各合伙人出资比例进行分配

3. 下列关于合伙企业的会计处理，不正确的有（　）。

A. 其独特之处在于对所有者权益和利润分配的核算

B. 合伙人工资计为“管理费用”

C. 合伙企业的资产、负债、收入、费用等方面的会计核算与公司制企业的会计核算完全不同

D. 合伙企业应缴纳企业所得税

4. 下列与合伙企业相关的会计处理中，不正确的有（　）。

A. 合伙人所得工资作为合伙企业的一项费用

B. 设置“合伙人提款”以反映合伙人与合伙企业间的暂借款项

C. “合伙人提款”账户余额在期末不需要进行结转

D. 分别不同的合伙人设置“合伙人资本”账户

5. 合伙企业的损益分配方法，可以采用（　）。

A. 资本比例分配法　　B. 固定比例分配法

C. 平均比例分配法　　D. 工资或利息补贴比例分配法

（四）综合题

1. 甲、乙两人合伙成立一家合伙企业，双方出资情况（公允价值）如下表所示（单位：元）：

项目	甲	乙
现金	20 000	10 000
存货	10 000	

续表

项目	甲	乙
房屋		40 000
设备		10 000
土地使用权	40 000	
合计	70 000	60 000

要求：(1) 假设双方约定按实际出资额获得伙权，编制相关会计分录。

(2) 假设双方约定享有相等的伙权额，分别按红利法和商誉法编制会计分录。

2. 甲、乙两人分别出资 40 000 元和 30 000 元成立一家合伙企业，两人约定的收益分配比例为6∶4。经营两年后，两人的合伙人资本余额分别为 60 000 元和 40 000 元，现两人协商一致，同意丙加入合伙企业。

要求：(1) 假设丙以现金出资 50 000 元，获得 1/3 的伙权，编制相关会计分录。

(2) 假设丙以现金出资 80 000 元，获得 1/2 的伙权，分别按红利法与商誉法编制会计分录。

3. 甲、乙、丙三人出资组成合伙企业，约定收益分配比例为 5∶2∶3。经营 2 年后三人资本余额分别是 35 000 元、15 000 元和 25 000 元。现在乙合伙人要求退伙，经协商，同意乙合伙人退伙，合伙企业以现金 20 000 元支付乙退伙费用。

要求：按红利法编制会计分录。

4. 经甲和乙协商，准备解散两人合办的合伙企业，清算前的财务状况如下表所示（单位：元）：

资产	金额	负债与权益	金额
现金	5 000	应付账款	25 000
应收账款	15 000	合伙人资本——甲	12 500
存货	15 000	合伙人资本——乙	17 500
固定资产	20 000		
合计	55 000	合计	55 000

甲和乙的原合伙协议规定的收益分配比例为 6∶4。合伙企业清算过程中资产处置情况如下：应收账款收回 11 000 元，存货收回 12 500 元，固定资产收回 15 000 元。

要求：采用一次分配清算法对该清算进行会计处理。

5. 甲、乙、丙三人出资组成的合伙企业进行清算，原合伙协议中约定的甲、乙、丙三人收益分配比例为 5∶3∶2。清算前的合伙企业财务状况如下表所示（单位：元）：

资产	金额	负债与权益	金额
现金	480 000	应付账款	560 000
应收账款	560 000	其他应付款	400 000
存货	800 000	合伙人资本——甲	680 000

续表

资产	金额	负债与权益	金额
固定资产	200 000	合伙人资本——乙	680 000
无形资产	600 000	合伙人资本——丙	400 000
商誉	80 000		
合计	2 720 000	合计	2 720 000

其清算事项具体汇总如下：

进入清算时，以现金偿还一部分债务。清算的第一个月，冲销商誉，出售存货收回420 000元，月底偿债或分配现金。清算的第二个月，出售账面净值为160 000元的设备收回现金120 000元，月底偿债或分配现金。清算的第三个月，应收账款收回400 000元，出让无形资产获得现金490 000元，出售其他设备收回现金30 000元，并分配现金。剩余资产全部注销，清算结束。

要求：（1）按照谨慎退款法，编制分期安全清偿表；

（2）按照现金预分计划法，编制清算损失承担能力表、清算损失分担计划表、现金预分计划表以及现金分配表。

第六章

外币交易及外币报表折算

一、重难点解析

（一）记账本位币的含义及确定

记账本位币为企业经营所处的主要经济环境中的货币。主要经济环境，通常是指企业主要产生和支出现金的环境，使用该环境中的货币最能反映企业主要交易的经济结果。我国多数企业主要产生和支出现金的环境在国内，一般以人民币作为记账本位币。根据相关规定，我国企业会计核算以人民币为记账本位币，业务收支以人民币以外的货币为主的单位，可以选定其中一种货币作为记账本位币，但是编报的财务报告应当折算为人民币。

企业确定记账本位币时应当考虑下列因素：（1）该货币主要影响商品和劳务的销售价格，通常以该货币进行商品和劳务的计价及结算；（2）该货币主要影响商品和劳务所需人工、材料和其他费用，通常以该货币进行上述费用的计价和结算；（3）融资活动所获得的货币以及保存从经营活动中收取款项所使用的货币。

（二）境外经营的含义及其记账本位币的确定

境外经营，是指企业在境外的子公司、合营企业、联营企业、分支机构。当企业在境内的子公司、合营企业、联营企业或者分支机构采用不同于企业的记账本位币时，也将这些实体视同为境外经营。

境外经营是一个企业或具有较强独立性需要进行独立会计核算的经营实体，在确定其记账本位币时当然．应当考虑前述企业确定记账本位币需要考虑的三项因素。同时，由于境外经营是企业的子公司、联营企业、合营企业或者分支机构，因此，境外经营在确定其记账本位币的时候还应当考虑该境外经营与企业之间的关系。具体地，境外经营记账本位币的确定，还应当考虑下列因素：（1）境外经营对其所从事的活动是否拥有很强的自主性；（2）境外经营活动中与企业的交易是否在境外经营活动中占有较大比重；（3）境外经营活动产生的现金流量是否直接影响企业的现金流量、是否可以随时汇回；（4）境外经营活动产生的现金流量是否足以偿还其现有债务和可预期的债务。

（三）外币交易及其会计处理

外币交易是指企业发生的以外币计价或者结算的交易，包括买入或者卖出以外币计价的商品或者劳务、借入或者借出外币资金、货币间的相互兑换和其他以外币计价或者结算的交易。此处的外币即指企业记账本位币以外的货币。判断一项交易是不是外币交易的标准是此项交易是否以外币计价或者结算，与交易的发生地或交易双方的所在地无关。

当款项结算日和交易日分属不同的会计期间的情况下，外币交易的会计处理面临着记账汇率选择、汇兑损益处理等问题。目前，外币交易采用两项交易观、对未实现汇兑损益与已实现汇兑损益均在当期确认的当期确认法进行会计处理。具体来说，采用交易发生日的即期汇率将外币金额折算为记账本位币金额；或者采用按照系统合理的方法确定的、与交易发生日即期汇率近似的汇率进行折算。企业在进行外币兑换业务时，记账所用的即期汇率通常为中间价，兑换所用汇率为银行的买入价或卖出价，因此而产生的差额，应记入“财务费用——汇兑损益”账户中。企业接受外币投资时，应当采用交易发生日的即期汇率，不得采用合同约定汇率或即期汇率的近似汇率折算。

在资产负债表日，分别对外币货币性项目和外币非货币性项目进行．处理，将所有外币货币性项目的外币余额，按照资产负债表日即期汇率折算为记账本位币金额，并与原记账本位币金额相比较，其差额计入当期损益。企业在期末对非货币性项目的调整，应按如下的处理原则进行：（1）以历史成本计量的外币非货币性项目，仍采用交易发生日的即期汇率折算，资产负债表日并不改变其原记账本位币金额，因此不产生汇兑差额。但是，对于以成本与可变现净值孰低计量的存货，如果其可变现净值以外币确定，则在确定存货的期末价值时，应先将可变现净值折算为记账本位币金额，再与以记账本位币反映的存货成本进行比较。（2）以公允价值计量的外币非货币性项目，如交易性金融资产（股票、基金等），采用公允价值确定日的即期汇率折算，折算后的记账本位币金额与原记账本位币金额的差额，作为公允价值变动处理，计入当期损益（公允价值变动损益）。（3）以公允价值计量且其变动计入其他综合收益的外币货币性金融资产（债务工具）形成的汇兑差额，应当计入当期损益，采用实际利率法计算的该金融资产的外币利息产生的汇兑差额，也应当计入当期损益。外币非货币性金融资产（权益工具）形成的汇兑差额，与其公允价值变动一并计入其他综合收益，但该金融资产的外币现金股利产生的汇兑差额，应当计入当期损益。

（四）外币报表折算

外币报表折算是指将一种货币表示的财务报表折算为另一种货币表示的财务报表的过程，如在将企业的境外经营通过合并、权益法核算等纳入企业的财务报表中时，将企业境外经营的财务报表折算为以企业记账本位币反映的财务报表。

会计实务中对外币报表折算曾有四种方法：流动与非流动项目法、货币与非货币项目法、时态法以及现行汇率法。根据我国外币折算准则，外币报表折算基本采用的是现行汇率法，具体要求如下：（1）资产负债表中的资产和负债项目，采用资产负债表日的即期汇率折算，所有者权益项目除“未分配利润”项目外，其他项目采用发生时的即期汇率折算；（2）利润表中的收入和费用项目，采用交易发生日的即期汇率折算；也可以采用按照系统合理的方法确定的、与交易发生日即期汇率近似的汇率折算；（3）产生的外币报表折算差额，在编制合并财务报表时，应在合并资产负债表中“其他综合收益”项目列示。

二、练习题

（一）单项选择题

1. 下列各项外币资产在资产负债表日发生的汇兑差额，通常应计入财务费用的是（　　）。

A. 存货　　B. 应收账款

C. 债权投资　　D. 固定资产

2. 甲公司记账本位币为人民币，其外币交易采用交易发生日的即期汇率折算。2×23 年 1 月 2 日，甲公司将销售所得货款 100 万欧元兑换为人民币存入银行，当日的即期汇率为 1 欧元 =7.45 人民币元，银行当日欧元买入价为 1 欧元 =7.41 人民币元，欧元卖出价为 1 欧元 =7.48 人民币元。不考虑其他因素，甲公司该项兑换业务影响当期损益的金额为（　　）万人民币元。

A. -4　　B. -3

C. 0　　D. -7

3. 甲公司以人民币作为记账本位币，期末存货按成本与可变现净值孰低计量。2×23 年 5 月 1 日，甲公司进口一批商品，价款为 200 万美元，当日即期汇率为 1 美元 =6.1 人民币元。2×23 年 12 月 31 日，甲公司该批商品中仍有 60% 尚未出售，可变现净值为 90 万美元。当日即期汇率为 1 美元 =6.2 人民币元。不考虑其他因素，2×23 年 12 月 31 日，该批商品期末计价对甲公司利润总额的影响金额为（　　）万人民币元。

A. -174　　B. 174

C. -186　　D. 183

4. 乙公司和丙公司均为甲公司的境外子公司。甲公司的记账本位币和列报货币均为人民币，乙公司的记账本位币和列报货币均为美元，丙公司的记账本位币和列报货币均为港币。下列各项有关外币折算会计处理的表述中，正确的是（　　）。

A. 乙公司个别财务报表中，以美元计价的购销、投资和借款交易均应以美元计量和列报

B. 丙公司个别财务报表中，以港币购入的某香港公司的股票应折算为人民币进行计量和列报

C. 甲公司个别财务报表中，收到境外投资者的英镑投资款，应将按合同约定汇率与按交易日汇率折算的差额计入当期损益

D. 甲公司在编制合并财务报表时，应将乙公司和丙公司的财务报表各项目折算为人民币，产生的折算差额计入当期损益

5. 甲公司的记账本位币为人民币，外币业务以交易发生日的即期汇率折算。2×23 年 12 月 5 日以每股 2 美元的价格购入 5 000 股乙公司股票作为交易性金融资产，当日汇率为 1 美元 =6.7 人民币元，款项已经支付。2×23 年 12 月 31 日，当月购入的乙公司股票市价变为每股 2.1 美元，当日汇率为 1 美元 =6.4 人民币元。假定不考虑相关税费的影响，甲公司期末应确认影响营业利润的金额为（　　）人民币元。

A. 200　　B. 300

C. -300　　D. -200

6. 甲公司的记账本位币为人民币，其外币交易采用交易发生日的即期汇率折算。下列各项交易中，甲公司应当在交易发生时确认当期损益的是（　　）。

A. 收到投资者投入美元，合同约定汇率高于交易发生日即期汇率

B. 向银行买入美元以支付未来的境外购货款

C. 向银行借入英镑，期限为6个月

D. 购入以欧元计价的原材料一批，货款尚未支付

7. 甲公司为W设备经销商，以人民币为记账本位币。2×23年10月20日，甲公司以每台1 000欧元的价格购入10台W设备，当日即期汇率为1欧元=7.5人民币元。2×23年12月31日，甲公司已销售4台W设备，剩余6台W设备的市场价格降至每台800欧元，当日即期汇率为1欧元=7.0人民币元。不考虑其他因素，甲公司2×23年12月31日对W设备应计提的存货跌价准备为（　　）人民币元。

A. 2 400　　B. 3 000

C. 11 400　　D. 8 400

8. 甲公司的记账本位币为人民币，其外币交易采用交易发生日的即期汇率折算。2×23年8月1日，甲公司购入乙公司发行的H股股票10 000股，每股市价为12.5美元，将其指定为以公允价值计量且其变动计入其他综合收益的非交易性权益工具投资，当日汇率为1美元=7.1人民币元。2×23年12月31日，乙公司H股股票每股市价为13.6美元，乙公司于当日宣布发放现金股利每股0.2美元，当日汇率为1美元=7.2人民币元。不考虑其他因素，甲公司就该投资应确认的其他综合收益为（　　）人民币元。

A. 79 200　　B. 91 700

C. 106 100　　D. 93 600

9. 甲公司的记账本位币为人民币，其外币交易采用交易发生日的即期汇率折算，按月计算汇兑损益。2×23年12月1日，甲公司美元应收账款为60 000美元，当日即期汇率为1美元=6.5人民币元；12月10日，甲公司收回应收账款10 000美元，存入公司美元存款账户，该美元存款账户期初余额为零，当日即期汇率为1美元=6.7人民币元。12月20日，甲公司购入标价为6 000美元的固定资产，货款已以美元银行存款支付，当日即期汇率为1美元=6.75人民币元。2×23年12月31日，即期汇率为1美元=6.8人民币元。不考虑其他因素，下列甲公司2×23年12月31日财务报表列示项目中正确的是（　　）。

A. 应收账款323 000人民币元　　B. 银行存款27 200人民币元

C. 财务费用-18 200人民币元　　D. 固定资产40 800人民币元

10. 甲公司为境内公司，其记账本位币为美元。甲公司在将其财务报表折算为人民币财务报表时，应当选择资产负债表日即期汇率进行折算的项目是（　　）。

A. 应付债券　　B. 盈余公积

C. 财务费用　　D. 股本

11. 企业将收到的投资者以外币投入的资本折算为记账本位币时，应采用的折算汇率是（　　）。

A. 投资合同约定的汇率　　B. 投资合同签订时的即期汇率

C. 收到投资款时的即期汇率　　D. 收到投资款当月的平均汇率

12. 按我国企业会计准则的规定，母公司编制合并财务报表时，应对子公司外币资产负债表 进行折算，资产负债表中“实收资本”项目折算为母公司记账本位币所采用的汇率为（　　）。

A. 合并报表编制日的即期汇率　　B. 实收资本发生时的即期汇率

C. 本年度平均汇率　　D. 本年度年初汇率

13. 甲公司记账本位币为人民币，外币业务采用交易发生日的即期汇率折算，每半年计提利息和计算汇兑损益。2×23 年 1 月 1 日，甲公司从银行借入 1 000 万欧元，期限为 1 年，年利率为 6%，到期一次还本付息，当日即期汇率为 1 欧元 =7.8 人民币元，3 月 31 日即期汇率为 1 欧元 =7.9 人民币元，6 月 30 日即期汇率为 1 欧元 =8 人民币元。不考虑其他因素，甲公司 2×23 年 6 月 30 日因该项借款产生的第二季度的汇兑收益为（　　）万人民币元。

A. 101.5　　B. －101.5

C. －200　　D. －201.5

14. 甲公司为集团母公司，在编制合并财务报表时需对其持有 70% 股份的境外子公司报表进行折算，该子公司外币报表资产折算后合计金额为 2 500 万人民币元，负债折算后合计金额为 1 150 万人民币元，所有者权益各项折算后合计金额为 892 万人民币元。甲公司合并资产负债表中因外币报表折算“其他综合收益”项目应列示的金额为（　　）万人民币元。

A. 458　　B. －458

C. 320.6　　D. －320.6

15. 甲公司记账本位币为人民币，乙公司为甲公司的境外子公司。乙公司的记账本位币为美元。2×23 年期末汇率为 1 美元 =6.63 人民币元，当期平均汇率为 1 美元 =6.41 人民币元。甲公司采用平均汇率折算乙公司利润表项目。乙公司资产负债表中“盈余公积”项目期初余额为 1 500 万美元，折合人民币 9 150 万元，本期提取盈余公积 500 万美元。则乙公司资产负债表“盈余公积”项目的期末余额经折算后的金额为（　　）万人民币元。

A. 13 260　　B. 12 465

C. 12 820　　D. 12 355

（二）判断题

1. 境外经营的判断，需要看其记账本位币是否与企业的记账本位币相同。（　　）

2. 企业应当将其记账本位币作为财务报表的报告货币。（　　）

3. 企业收回赊销外币货款时，因结算日与交易日即期汇率不同而产生的汇兑差额，应当调整前期销售收入。（　　）

4. 对于指定为以公允价值计量且其变动计入其他综合收益的外币非交易性权益工具投资，其在资产负债表日折算后的记账本位币金额与原记账本位币金额间的差额应计入其他综合收益。（　　）

5. 根据我国企业会计准则，企业应当采用现行汇率对境外经营资产负债表所有项目进行折算。（　　）

6. 对于外币非货币性项目，资产负债表日即期汇率变化不应改变其原记账本位币金额，不会因此产生汇兑差额。（　　）

7. 外币报表折算差额，应当在资产负债表所有者权益项目下列示。（　　）

8. 利润表中固定资产的折旧费用，应当按照固定资产购买时历史汇率折算。（　　）

9. 外币报表折算过程中，期初盈余公积为以前年度计提的盈余公积按相应年度平均汇率折算后金额的累计。（　　）

10. 与确定记账本位币相关的企业经营所处的主要经济环境发生重大变化的，企业可以变更其记账本位币。（　　）

（三）多项选择题

1. 甲公司为境内公司，其记账本位币为人民币。下列各项相关各方中，属于甲公司境外经营的有（　　）。

A. 甲公司的境内子公司，其记账本位币为人民币

B. 甲公司的境内联营企业，其记账本位币为港元

C. 甲公司在美国的分支机构，其记账本位币为美元

D. 甲公司在美国的子公司，其记账本位币为人民币

2. 下列各项中，属于企业在确定记账本位币时应考虑的因素有（　　）。

A. 取得贷款使用的主要计价货币

B. 确定商品生产成本使用的主要计价货币

C. 确定商品销售价格使用的主要计价货币

D. 从经营活动中收取货款使用的主要计价货币

3. 甲公司为境内企业，其记账本位币与列报货币均为人民币；乙公司为甲公司的境外子公司，其记账本位币与列报货币均为美元。下列关于两公司外币业务的处理中，正确的有（　　）。

A. 甲公司应将乙公司财务报表的折算差额计入合并利润表中的财务费用

B. 甲公司编制合并财务报表前，需将乙公司财务报表按现行汇率法折算为人民币报表

C. 乙公司发生的以美元计价与结算的业务，应按交易日即期汇率折算为人民币进行记录

D. 乙公司发生的以人民币计价与结算的业务，应按交易日即期汇率折算为美元进行记录

4. 甲公司的记账本位币为人民币，其外币交易采用交易发生日的即期汇率折算。甲公司将其购入的乙公司H股股票指定为以公允价值计量且其变动计入其他综合收益的非交易性权益工具投资。下列关于甲公司对该投资的会计处理的说法中，不正确的有（　　）。

A. 乙公司宣告发放H股股利时，甲公司应按即期汇率将股利收入折算为人民币并将其计入其他综合收益

B. 初始投资时，甲公司应将乙公司已宣告但未发放的股利收入计入当期损益

C. 资产负债表日，甲公司应将该投资折算后的人民币金额与原人民币金额间的差额计入当期损益

D. 处置该投资时，甲公司应将之前计入其他综合收益的相关利得或损失转入当期损益

5. 甲公司记账本位币为人民币，其外币交易采用交易发生日的即期汇率折算。下列业务在发生时不会产生当期损益的有（　　）。

A. 购入以美元计价的原材料，货款尚未支付

B. 将收到的港币货款兑换为人民币存入银行

C. 接受投资者美元投资，合同约定汇率高于当日即期汇率

D. 向银行借入期限为6个月的英镑借款

6. 下列各项资产中，属于货币性资产的有（　　）。

A. 银行存款

B. 预付账款

C. 应收票据

D. 以公允价值计量且其变动计入当期损益的金融资产

7. 甲公司2×23年发生以下外币交易或事项：（1）取得外币借款1 000万美元用于补充外币流动资金，当日即期汇率为1美元=6.34人民币元；（2）向银行买入100万美元，当日即期汇率为1美元=6.38人民币元；（3）出口销售确认美元应收账款1 800万美元，当日即期汇率为1美元=6.43人民币元；（4）收到私募股权基金对甲公司投资2 000万美元，当日即期汇率为1美元=6.48人民币元。假定甲公司有关外币项目均不存在期初余额，2×23年12月31日即期汇率为1美元=6.49人民币元。不考虑其他因素，下列关于甲公司2×23年12月31日因上述项目产生的汇兑损益会计处理的表述中，正确的有（　　）。

A. 应收账款产生汇兑收益应计入当期损益

B. 外币借款产生的汇兑损失应计入当期损益

C. 向银行买入美元产生的汇兑损失应计入当期损益

D. 取得私募股权基金投资产生的汇兑收益应计入资本性项目

8. 下列关于资产负债表外币折算的表述中，正确的有（　　）。

A. 外币报表折算差额应在所有者权益项目下单独列示

B. 采用历史成本计量的资产项目应按资产确认时的即期汇率折算

C. 只有采用公允价值计量的资产项目应按资产负债表日即期汇率折算

D. “未分配利润”项目以外的其他所有者权益项目应按发生时的即期汇率折算

9. 下列以外币表示的各项中，企业应当在资产负债表日采用即期汇率折算为记账本位币进行列示的有（　　）。

A. 外币预付账款

B. 以外币结算购入的生产用固定资产

C. 以公允价值计量且其变动计入当期损益的境外债权投资

D. 指定为以公允价值计量且其变动计入其他综合收益的境外非交易性权益工具投资

10. 以下关于外币交易的说法中，正确的有（　　）。

A. 以历史成本计量的外币非货币性项目，按交易发生日当日即期汇率折算，不产生汇兑差额

B. 投资者以外币投入的资本，应按合同约定汇率折算

C. 以外币计量的交易性金融资产（股权类），由于汇率变动引起的公允价值变动计入公允价值变动损益

D. 以外币计量的其他债权投资形成的汇兑差额，应计入当期损益

11. 下列各项汇率中，可以被选择用以折算利润表中收入和费用项目的汇率有（　　）。

A. 资产负债表日的即期汇率　　B. 交易发生日的即期汇率

C. 当期平均汇率　　D. 当期加权平均汇率

12. 甲公司为我国境内企业，其记账本位币为人民币。甲公司在英国和加拿大分别设有子公司，负责当地市场的运营，子公司的记账本位币分别为英镑和加元。甲公司在编制合并财务报表时，下列各项关于境外财务报表折算所采用汇率的表述中，正确的有（　　）。

A. 英国子公司的固定资产采用购入时的历史汇率折算为人民币

B. 加拿大子公司的未分配利润采用报告期平均汇率折算为人民币

C. 加拿大子公司的加元收入和成本采用报告期平均汇率折算为人民币

D. 英国子公司持有的以公允价值计量且其变动计入其他综合收益的金融资产的股票投资采用期末汇率折算为人民币

13. 甲公司的记账本位币为美元，其发生的下列交易中属于外币交易的有（　　）。

A. 向国外客户出口商品，交易以人民币计价

B. 从国外供应商购入生产用原材料，交易以美元计价

C. 买入以欧元计价的股票作为以公允价值计量且其变动计入当期损益的金融资产

D. 向银行借入人民币长期借款

14. 下列各项说法中，正确的有（　　）。

A. 交易性金融资产（股权类）在资产负债表日的汇兑差额计入公允价值变动损益

B. 外币兑换业务产生的汇兑差额计入财务费用

C. 外币货币性资产在期末汇率下降时会产生汇兑损失

D. 其他权益工具投资产生的汇兑损益计入所有者权益

15. 根据我国企业会计准则，外币财务报表项目中允许采用按照系统合理的方法确定的、与交易发生日即期汇率近似的汇率折算的有（　　）。

A. 营业收入　　B. 无形资产

C. 营业外收入　　D. 所得税费用

（四）综合题

1. 甲公司以人民币作为记账本位币，外币业务采用业务发生时的市场汇率折算，按月计算汇兑损益。甲公司 2×23 年 3 月份发生的有关外币交易或事项如下：

（1）3 月 3 日，将 100 万美元兑换为人民币，兑换取得的人民币已存入银行。当日市场汇率为 1 美元 =7.0 人民币元，当日银行买入价为 1 美元 =6.9 人民币元。

（2）3 月 10 日，从国外购入一批原材料，不含税货款总额为 200 万美元。该原材料已验收入库，货款尚未支付。当日市场汇率为 1 美元 =6.8 人民币元。

（3）3 月 14 日，出口销售一批商品，销售价款为 600 万美元，货款尚未收到。当日市场汇率为 1 美元 =6.85 人民币元。

（4）3 月 20 日，收到月初的应收账款 300 万美元，当日市场汇率为 1 美元 =6.75 人民币元，款项已存入银行。

（5）3 月 25 日，以每股 10 美元的价格购入国外 H 公司发行的股票 1 万股作为交易性金

融资产，当日市场汇率为1美元=6.8人民币元，不考虑相关税费。3月31日，H公司发行的股票市价为每股11美元。

3月31日，当日的市场汇率为1美元=6.7人民币元。有关科目余额如下：

项目	外币账户余额（万美元）	调整前的人民币金额（万人民币元）
银行存款	990	6 872
应收账款	700	4 840
应付账款	600	4 160

要求：(1) 编制甲公司3月份与外币交易或事项相关的会计分录。

(2) 计算2×23年3月31日外币账户发生的汇兑差额，并编制汇兑差额相关的会计分录。

(3) 计算2×23年3月31日交易性金融资产应确认的公允价值变动损益并编制相关会计分录。

2. 甲公司以人民币作为记账本位币，外币业务采用业务发生时的市场汇率折算。2×23年1月1日，甲公司向银行借入美元借款50 000美元，借款期限为1年，年利率为6%，到期支付本息。甲公司每半年计提借款利息，到期如期偿还本金。相关汇率如下：

日期	汇率
2×23年1月1日	1美元=6.78人民币元
2×23年6月30日	1美元=6.85人民币元
2×23年12月31日	1美元=6.90人民币元

要求：编制甲公司与该业务相关的会计分录。

3. 甲公司的记账本位币为人民币，其外币交易采用交易日即期汇率折算。2×23年6月8日，甲公司以每股4美元的价格购入乙公司B股20 000股，将其作为以公允价值计量且其变动计入当期损益的交易性金融资产核算，当日汇率为1美元=6.82人民币元，款项已支付。2×23年6月30日，乙公司B股市价变为每股3.5美元，当日汇率为1美元=6.83人民币元。假定不考虑相关税费的影响。

要求：编制甲公司与该业务相关的会计分录。

4. 甲公司记账本位币为人民币，其外币交易采用交易日即期汇率折算。2×23年6月30日，甲公司进口一台生产用设备，该设备价款为700万美元，当日即期汇率为1美元=6.35人民币元。甲公司按年限平均法对其计提折旧，预计使用年限为10年，预计净残值为0。该设备生产的产品主要是对美国出口，在国内尚无该设备的市场。2×23年12月，该设备生产的产品在美国市场上出现滞销，因此，甲公司决定对该设备进行减值测试。该设备在美国市场上的公允价值为545万美元，预计处置费用为25万美元，如果继续使用，预计未来现金流量现值为505万美元。2×23年12月31日，即期汇率为1美元=6.5人民币元。

要求：计算甲公司2×23年12月31日应对该设备计提的减值准备金额。

5. 甲公司为境内公司，以人民币为记账本位币，拥有一家境外全资控股的子公司乙公司，乙公司的记账本位币是美元。2×23年12月31日，为了编制合并财务报表，甲公司需要将乙公司美元财务报表折算为人民币表示的财务报表，乙公司以美元表示的财务报表及资料如下：

资产负债表

2×23 年 12 月 31 日　　单位：万美元

资产	期末数	负债和股东权益	期末数
流动资产：		流动负债：	
货币资金	400	短期借款	200
应收账款	400	应付账款	100
存货	1 200	其他流动负债	600
其他流动资产	100	流动负债合计	900
流动资产合计	2 100	非流动负债：	
非流动资产：		长期借款	500
长期应收款	500	应付债券	1 100
固定资产	2 300	其他非流动负债	700
在建工程	400	非流动负债合计	2 300
无形资产	1 500	负债合计	3 200
其他非流动资产	800	股东权益：	
非流动资产合计	5 500	股本	2 600
		盈余公积	600
		未分配利润	1 200
		外币报表折算差额	
		股东权益合计	4 400
资产总计	7 600	负债和股东权益总计	7 600

利润表

2×23 年度　　单位：万美元

项目	期末数
一、营业收入	30 000
减：营业成本	24 500
税金及附加	500
管理费用	400
财务费用	200
销售费用	600
加：投资收益	300
二、营业利润	4 100
加：营业外收入	200
减：营业外支出	1 500
三、利润总额	2 800

续表

项目	期末数
减：所得税费用	700
四、净利润	2 100
加：年初未分配利润	100
五、可供分配的利润	2 200
减：提取盈余公积	400
六、未分配利润	1 800

乙公司其他有关资料如下：

2×23 年 12 月 31 日的汇率为 1 美元 = 6.7 人民币元，2×23 年的平均汇率为 1 美元 = 6.6 人民币元，股本发生日的即期汇率为 1 美元 = 6.8 人民币元。

2×22 年 12 月 31 日乙公司累计盈余公积 200 万美元，折算为人民币 1 250 万元；累计未分配利润 100 万美元，折算为人民币 672 万元，子公司当年提取盈余公积 400 万美元。

要求：在乙公司 2×23 年 12 月 31 日折算后报表中填入正确数字。

资产负债表

2×23 年 12 月 31 日　　单位：万元

资产	期末数($)	汇率	期末数(¥)	负债和股东权益	期末数($)	汇率	期末数(¥)
流动资产：				流动负债：			
货币资金	400			短期借款	200		
应收账款	400			应付账款	100		
存货	1 200			其他流动负债	600		
其他流动资产	100			流动负债合计	900		
流动资产合计	2 100			非流动负债：			
非流动资产：				长期借款	500		
长期应收款	500			应付债券	1 100		
固定资产	2 300			其他非流动负债	700		
在建工程	400			非流动负债合计	2 300		
无形资产	1 500			负债合计	3 200		
其他非流动资产	800			股东权益：			
非流动资产合计	5 500			股本	2 600		
				盈余公积	600		
				未分配利润	1 200		
				外币报表折算差额			
				股东权益合计	4 400		
资产总计	7 600			负债和股东权益总计	7 600		

利润表

2×23 年度　　　　单位：万元

项目	期末数（$）	汇率	期末数（¥）
一、营业收入	30 000		
减：营业成本	24 500		
税金及附加	500		
管理费用	400		
财务费用	200		
销售费用	600		
加：投资收益	300		
二、营业利润	4 100		
加：营业外收入	200		
减：营业外支出	1 500		
三、利润总额	2 800		
减：所得税费用	700		
四、净利润	2 100		
加：年初未分配利润	100		
五、可供分配的利润	2 200		
减：提取盈余公积	400		
六、年末未分配利润	1 800		

第七章

衍生金融工具会计

一、重难点解析

（一）衍生金融工具的确认与计量

衍生金融工具的确认问题早已不存在争议，当其代表了符合资产或负债定义的权利或义务时应当在财务报表中予以确认。在有利的情况下，衍生金融工具的结算导致现金或其等价物的流入，或者收到金融资产或非金融资产，因此，它是代表“可预期的未来经济利益”的权利；反之，在不利的情况下，企业在衍生金融工具结算时，需要支付现金、交付金融资产或非金融资产，即承担了“可预期的经济利益的未来牺牲”。它们符合资产、负债的最基本的特征，应当在资产负债表中确认为资产或负债。对于衍生金融工具而言，公允价值是唯一相关的计量属性。

（二）衍生金融工具的会计处理

企业持有衍生金融工具的目的主要有投机获利与套期保值。对于持有以投机为目的的衍生金融工具，应将其作为以公允价值计量且变动计入当期损益的金融资产或金融负债进行核算。作为套期工具的衍生金融工具应当按照套期会计准则进行会计处理。

（三）套期会计

企业在经营活动中面临的各类风险敞口，企业可能会选择利用金融工具产生反向的风险敞口（即开展套期业务）来进行风险管理。套期会计对套期业务进行处理，其目标是在财务报告中反映企业采用金融工具管理因特定风险引起的风险敞口的风险管理活动的影响，将套期工具和被套期项目产生的利得或损失在相同会计期间计入当期损益（或其他综合收益）以反映风险管理活动影响及有效性。

在套期会计中，按照套期工具与被套期项目间的关系，套期可分为公允价值套期、现金流量套期和境外经营净投资套期。对不同类型的套期关系，应该采用不同的会计处理方法。公允价值套期会计处理的基本原则是将被套期项目按公允价值计量，将其公允价值变动计入当期损益，以实现与套期工具的公允价值变动损益确认的同步性。现金流量套期的目的是将套期工具产生的利得或损失递延至被套期项目的预期未来现金流量影响损益的同一期间或多个期间。

二、练习题

（一）单项选择题

1. 下列各项中，不应当作为套期业务中被套期风险的是（　　）。

A. 信用风险　　B. 经营风险

C. 利率风险　　D. 外汇风险

2. 企业应当设置“衍生工具”科目核算企业持有的以投机获利为目的的衍生金融工具，该科目的性质属于（　　）。

A. 资产类　　B. 负债类

C. 损益类　　D. 共同类

3. 下列关于套期会计的说法中正确的是（　　）。

A. 已确认资产或负债只能采用公允价值套期进行会计处理

B. 对尚未确认的确定承诺的风险敞口进行的套期属于现金流量套期

C. 对极可能发生的预期交易的风险敞口进行的套期属于公允价值套期

D. 对确定承诺的外汇风险进行的套期，企业可以将其作为公允价值套期或现金流量套期处理

4. 下列关于套期会计的说法中，不正确的是（　　）。

A. 对极可能发生的预期交易应分类为公允价值套期

B. 套期可划分为公允价值套期、现金流量套期和境外经营净投资套期

C. 在公允价值套期下，套期工具产生的利得或损失应当计入当期损益，选择以公允价值计量且其变动计入其他综合收益的非交易性权益工具投资进行套期的除外

D. 在现金流量套期下，套期工具产生的利得或损失中属于有效套期的部分，作为现金流量套期储备，应当计入其他综合收益

5. 下列关于套期工具的表述中，不正确的是（　　）。

A. 企业的购入期权能够作为套期工具

B. 企业的签出期权（对购入期权进行套期除外）能够作为套期工具

C. 企业可以将非衍生金融资产或非衍生金融负债的外汇风险成份指定为对外汇风险敞口进行套期的套期工具

D. 对于指定为以公允价值计量且其变动计入当期损益且其自身信用风险变动引起的公允价值变动计入其他综合收益的金融负债，不能被指定为套期工具

6. 下列关于现金流量套期会计处理的表述中，不正确的是（　　）。

A. 套期工具产生的利得或损失中属于有效套期的部分，作为现金流量套期储备，应当计入其他综合收益

B. 每期计入其他综合收益的现金流量套期储备的金额应当为当期现金流量套期储备的变动额

C. 如果在其他综合收益中确认的现金流量套期储备金额是一项收益，该收益不得在以后期间转入当期损益

D. 套期工具产生的利得或损失中属于无效套期的部分（即扣除计入其他综合收益后的其他利得或损失），应当计入资本公积

7. 下列关于公允价值套期确认和计量的表述中，不正确的是（　　）。

A. 套期工具产生的利得或损失通常应当计入当期损益

B. 对选择以公允价值计量且其变动计入其他综合收益的非交易性权益工具投资（或其组成部分）进行套期的，套期工具产生的利得或损失应当计入其他综合收益

C. 被套期项目因被套期风险敞口形成的利得或损失通常应当计入当期损益，同时调整未以公允价值计量的已确认被套期项目的账面价值

D. 对以公允价值计量且其变动计入其他综合收益的金融资产（或其组成部分）进行套期的，应当对累计已确认的套期利得或损失进行摊销，并计入当期损益

8. 下列关于公允价值套期表述中，不正确的是（　　）。

A. 对确定承诺的外汇风险进行的套期，企业不能作为公允价值套期处理

B. 公允价值套期中的公允价值变动源于特定风险，且将影响企业的损益或其他综合收益

C. 公允价值套期是指对已确认资产或负债、尚未确认的确定承诺，或上述项目组成部分的公允价值变动风险敞口进行的套期

D. 公允价值套期中，影响其他综合收益的情形，仅限于企业对指定为以公允价值计量且其变动计入其他综合收益的非交易性权益工具投资的公允价值变动风险敞口进行的套期

9. 2×23 年 1 月 1 日，甲公司为规避所持有 M 金属存货公允价值变动风险，与某金融机构签订了一项 M 金属期货合同，并将其指定为对 2×23 年 1 月与 2 月 M 金属存货价格变化引起的公允价值变动风险进行套期的套期工具。2×23 年 1 月 1 日，M 金属期货合同的公允价值为 0，被套期项目（M 金属存货）的账面价值和成本均为 2 150 万元，公允价值为 2 180万元。2×23 年 1 月 31 日，M 金属期货合同的公允价值上涨了 65 万元，M 金属存货的公允价值下降了 65 万元。2×23 年 2 月 28 日，M 金属期货合同公允价值下降了 20 万元，M 金属存货的公允价值上升了 20 万元。当日，甲公司将 M 金属存货以 2 135 万元的价格出售，同时结算 M 金属期货合同。假设 M 金属存货与 M 金属期货合同符合套期有效性要求。不考虑其他因素，甲公司因出售该被套期项目对损益的影响为（　　）万元。

A. 30　　B. －15

C. －45　　D. 2 135

10. 下列各项中，应作为现金流量套期的是（　　）。

A. 对预期极可能发生的商品销售的价格变动风险进行套期

B. 对发行债券的公允价值变动风险进行套期

C. 对购买燃油的确定承诺的价格变动风险进行套期

D. 对公司签订的 6 个月后以固定价格卖出某存货的合同进行套期

11. 2×23 年 1 月 1 日，甲公司为规避所持有某商品公允价值变动风险，指定某期货合约为对 2×23 年上半年该商品价格变化引起的公允价值变动风险的套期。甲公司经评估认定该套期完全有效。2×23 年 1 月 1 日，该期货合约的公允价值为 0，被套期项目的账面价值、成本与公允价值均为 800 万元。2×23 年 6 月 30 日，该期货合约的公允价值上涨 90 万元，

该商品的公允价值下降90万元。当日，甲公司按公允价值将该商品出售并结算该期货合约。不考虑其他因素，下列甲公司2×23年6月30日的会计处理中，正确的是（　　）。

A. 因销售商品实现毛利90万元

B. 确认主营业务成本800万元

C. 确认主营业务收入710万元

D. 根据套期工具的公允价值变动额贷记“公允价值变动损益”科目90万元

12. 2×23年4月1日，甲航空公司与美国某飞机生产厂商签订飞机购买合同，价款为4 000万美元，付款日期为2×23年9月30日。为规避汇率风险，甲公司于2×23年4月1日与某金融机构签订6个月期美元汇率远期合约，并指定为对该飞机采购公允价值变动风险的套期。下列关于甲公司该项套期业务的说法中正确的是（　　）。

A. 套期工具是非衍生工具

B. 被套期项目是极可能发生的预期交易

C. 该项套期属于公允价值套期，套期工具的公允价值变动计入当期损益

D. 该项套期属于现金流量套期，套期工具的公允价值变动计入其他综合收益

13. 甲公司是一家国内汽车轮胎生产企业。甲公司产品以橡胶为主要原材料，其生产所需橡胶90%需要进口，每个月大约进口2 000吨橡胶。甲公司担心3个月后橡胶价格上涨给企业造成损失，在期货市场上买入3个月期以橡胶为标的的期货合约，并将其指定为套期工具。该项套期属于（　　）。

A. 公允价值套期　　B. 历史成本套期

C. 现金流量套期　　D. 境外经营净投资套期

14. 指定为以公允价值计量且其变动计入其他综合收益的非交易性权益工具投资（或其组成部分），无论其作为套期工具，还是作为被套期项目，产生的利得或损失均计入（　　）。

A. 当期损益　　B. 其他综合收益

C. 留存收益　　D. 资产的初始确认金额

15. 现金流量套期中，企业应当将套期工具产生的利得或损失中属于套期有效的部分作为现金流量套期储备，并将其计入（　　）。

A. 其他综合收益　　B. 当期损益

C. 留存收益　　D. 未分配利润

（二）判断题

1. 企业持有衍生金融工具的目的为投机获利的，可以选择以公允价值对其进行计量，将公允价值的变动计入其他综合收益。（　　）

2. 所有确定承诺的套期均应将其作为公允价值套期处理。（　　）

3. 对浮动利率债务的利率风险引起的现金流量变动风险敞口进行的套期应当分类为现金流量套期。（　　）

4. 企业可以将非衍生金融资产或非衍生金融负债的外汇风险成分指定为对外汇风险进行套期的套期工具。（　　）

5. 企业可以只将期权的内在价值变动指定为套期工具。（　　）

6. 公允价值套期的会计处理并不改变被套期项目的计量属性。（ ）

7. 套期关系指定后，尚未确认的确定承诺不会因为套期风险引起的公允价值累计变动额而被确认为一项资产或负债。（ ）

8. 履行确定承诺而取得的资产或负责，其初始确认金额应当包括已确认的被套期项目的公允价值累计变动额。（ ）

9. 现金流量套期中，其他综合收益中确认的现金流量储备损失，企业应当在预计不能弥补时，将预计不能弥补的部分转出计入当期损益。（ ）

10. 对于境外经营净投资套期，套期工具形成的利得或损失中属于无效套期的部分，应当计入当期损益。（ ）

（三）多项选择题

1. 按照套期工具和被套期项目的关系不同，可将套期会计划分为（ ）。
   A. 公允价值套期　　B. 现金流量套期
   C. 账面价值套期　　D. 境外经营净投资套期
2. 运用套期会计方法对各类套期业务进行会计处理需同时满足的条件有（ ）。
   A. 套期关系符合套期有效性要求
   B. 被套期项目和套期工具之间存在经济关系
   C. 套期关系仅由符合条件的套期工具和被套期项目组成
   D. 在套期开始时，企业正式指定了套期工具和被套期项目，并准备了关于套期关系和企业从事套期的风险管理策略和风险管理目标的书面文件
3. 下列企业对境外经营净投资套期进行的会计处理中，正确的有（ ）。
   A. 套期工具形成的利得或损失中属于无效套期的部分，应当计入当期损益
   B. 套期工具形成的利得或损失中属于有效套期的部分，应当计入当期损益
   C. 套期工具形成的利得或损失中属于有效套期的部分，应当计入其他综合收益
   D. 全部或部分处置境外经营时，上述计入其他综合收益的套期工具利得或损失应当相应转出，计入当期损益
4. 下列项目中，属于公允价值套期的有（ ）。
   A. 用利率互换去对固定利率债券套期
   B. 用利率互换去对浮动利率债券套期
   C. 某电力公司因签订了一项 6 个月后以约定价格购买煤炭的合同，对该确定承诺的价格变动风险进行套期
   D. 对现有存货价格变动风险进行套期
5. 下列各项中，属于金融工具准则中衍生工具特征的有（ ）。
   A. 在未来某一日期结算
   B. 变量为非金融变量的，该变量不应与合同的任何一方存在特定关系
   C. 与对市场因素变化预期有类似反应的其他合同相比，要求更多的初始净投资
   D. 其价值随特定利率、金融工具价格、商品价格、汇率、价格指数、费率指数、信用等级、信用指数或其他变量的变动而变动
6. 一项套期是否符合套期有效性要求，需要满足的条件有（ ）。

A. 套期工具是衍生工具，被套期项目是已确认的资产或负债
B. 被套期项目和套期工具之间存在经济关系，该经济关系使得套期工具和被套期项目的价值因面临相同的被套期风险而发生方向相反的变动
C. 被套期项目和套期工具经济关系产生的价值变动中，信用风险的影响不占主导地位
D. 套期关系的套期比率，应当等于企业实际套期的被套期项目数量与对其进行套期的套期工具实际数量之比，但不应当反映被套期项目和套期工具相对权重的失衡

7. 关于套期会计，下列项目中正确的有（　　）。
A. 套期分为公允价值套期、现金流量套期和境外经营净投资套期
B. 公允价值套期的有效套期部分计入其他综合收益，无效套期部分计入当期损益
C. 现金流量套期，是指对公允价值变动风险敞口进行的套期
D. 现金流量套期的有效套期计入其他综合收益，无效套期部分计入当期损益

8. 下列项目中，可以指定为被套期项目的有（　　）。
A. 持有库存阴极铜产品 200 吨
B. 签订采购 100 吨阴极铜合约，采购价格为 10 000 元/吨
C. 预期可能采购阴极铜 100 吨
D. 签订销售 200 吨阴极铜合约，销售价格为 12 000 元/吨

（四）综合题

1. 2×23 年 1 月 1 日，甲公司预期在 2×23 年 2 月 28 日极可能会销售一批 X 商品，预期销售总价为 140 万元。为规避该预期销售中与商品价格有关的现金流量变动风险，甲公司当日与某金融机构签订了一项商品期货合同 Y，将于 2×23 年 2 月 28 日以总价 140 万元的价格卖出 X 商品，且将其指定为对该预期商品销售的套期工具。商品期货合同 Y 的标的资产与被套期预期销售商品在数量、质次、价格变动和产地等方面相同，并且商品期货合同 Y 的结算日和预期商品销售日均为 2×23 年 2 月 28 日。

2×23 年 1 月 1 日，商品期货合同 Y 的公允价值为 0。2×23 年 1 月 31 日，商品期货合同 Y 的公允价值上涨了 2.5 万元，预期销售价格下降了 2.5 万元。2×23 年 2 月 28 日，商品期货合同 Y 的公允价值上涨了 2 万元，预期销售价格下降了 2 万元。当日，甲公司将 X 商品出售，并结算了商品期货合同 Y。

要求：编制甲公司与该业务相关的会计分录。

2. 2×21 年 1 月 1 日，甲公司以每股 10 元的价格购入乙公司股票 200 万股（占乙公司有表决权股份的 3%），选择将其指定为以公允价值计量且其变动计入其他综合收益的其他权益工具投资。为规避乙公司股票价格下跌风险，甲公司于 2×21 年 12 月 31 日签订一份股票远期合同，约定将于 2×23 年 12 月 31 日以每股 13 元的价格出售其所持有的乙公司股票 200 万股，2×21 年 12 月 31 日该股票远期合同的公允价值为 0。2×23 年 12 月 31 日，甲公司履行远期合同，出售乙公司股票。2×21 年 12 月 31 日、2×22 年 12 月 31 日和 2×23 年 12 月 31 日每股股票的价格分别为 13 元、12 元和 11.5 元，2×22 年 12 月 31 日远期合同的公允价值为 200 万元，2×23 年 12 月 31 日远期合同的公允价值为 300 万元。

要求：指出被套期项目和套期工具，编制甲公司 2×21 年 1 月 1 日至 2×23 年 12 月 31

日与该业务相关的会计分录。

3. 2×23 年 1 月 1 日，甲公司为规避所持有存货小麦在未来 3 个月的公允价值变动风险，与某金融机构签订了一项出售同类小麦的远期合同，并将其指定为对 2×23 年第一季度存货小麦价格变化引起的公允价值变动风险的套期。同类小麦的远期合同的标的资产与被套期项目存货小麦在数量、质次、价格变动和产地等方面相同，假设此项远期合同在签订时未发生成本。

2×23 年 1 月 1 日，套期工具（同类小麦的远期合同）的公允价值为 0，被套期项目（存货小麦）的账面价值和成本均为 1 000 万元，公允价值为 1 100 万元。2×23 年 4 月 1 日，同类小麦远期合同的公允价值上涨了 80 万元，存货小麦的公允价值下降了 75 万元。当日，甲公司将存货小麦出售，款项已收存银行。同时，将同类小麦的远期合同结算。

要求：(1) 判断甲公司该业务的套期有效性；

(2) 编制甲公司与该套期业务相关的会计分录。

第八章

租赁会计

一、重难点解析

（一）租赁的识别

租赁，是指在一定期间内，出租人将资产的使用权让与承租人以获取对价的合同。在合同开始日，企业应当评估合同是否为租赁或者包含租赁，以确定是否能够采用租赁准则进行会计处理。如果合同一方让渡了在一定期间内控制一项或多项已识别资产使用的权利以换取对价，则该合同为租赁或者包含租赁。一项合同究竟是否包含租赁或是否属于租赁，必须要满足存在一定期间、存在已识别资产以及资产供应方向客户转移对已识别资产使用权的控制三个要素。

（二）租赁的分拆与合并

合同中同时包含多项单独租赁的，承租人和出租人应当将合同予以分拆，并分别按各项单独租赁进行会计处理。合同中同时包含租赁和非租赁部分的，承租人和出租人应当将租赁和非租赁部分进行分拆，分拆后各租赁部分应当分别按照租赁准则进行会计处理，非租赁部分应当按照其他适用的会计准则进行会计处理。

在合同包含租赁和非租赁部分时，对承租人与出租人的要求是不同的。承租人应当按照各项租赁部分单独价格及非租赁部分的单独价格之和的相对比例分摊合同对价；为简化处理，承租人可以按照租赁资产的类别选择是否分拆合同包含的租赁和非租赁部分。承租人选择不分拆的，应当将各租赁部分及与其相关的非租赁部分分别合并为租赁，按租赁准则进行会计处理。而若租赁合同中包含非租赁成分，出租人必须分拆租赁部分和非租赁部分，根据收入准则关于交易价格分摊的规定分摊合同对价。

企业与同一交易方或其关联方在同一时间或相近时间订立的两份或多份包含租赁的合同，在满足条件时，应当合并为一份合同进行会计处理。

（三）租赁期的确定

租赁期是指承租人有权使用租赁资产且不可撤销的期间。租赁期应自租赁期开始日起计算。租赁期开始日，是指出租人提供租赁资产使其可供承租人使用的起始日期。如果承租人在租赁协议约定的起租日或租金起付日之前，已获得对租赁资产使用权的控制，则表明租赁期已经开始。

承租人有续租选择权，即有权选择续租该资产，且合理确定将行使该选择权的，租赁期还应当包含续租选择权涵盖的期间；承租人有终止租赁选择权，即有权选择终止租赁该资产，但合理确定将不会行使该选择权的，租赁期应当包含终止租赁选择权涵盖的期间。

（四）承租人的会计处理

除短期租赁和低价值资产租赁，承租人可以选择不确认使用权资产和租赁负债外，在租赁期开始日，承租人应当对租赁业务确认使用权资产和租赁负债。

租赁负债应当按照租赁期开始日尚未支付的租赁付款额的现值进行初始计量。租赁付款额是指承租人向出租人支付的与在租赁期内使用租赁资产的权利相关的款项，具体包括固定付款额及实质固定付款额、取决于指数或比率的可变租赁付款额、购买选择权的行权价格、行使终止租赁选择权需支付的款项、根据承租人提供的担保余值预计应支付的款项。在计算租赁付款额的现值时，承租人应当采用租赁内含利率作为折现率；无法确定租赁内含利率的，应当采用承租人增量借款利率作为折现率。

使用权资产，是指承租人可在租赁期内使用租赁资产的权利。在租赁期开始日，承租人应当按照成本对使用权资产进行初始计量。该成本包括下列四项：①租赁负债的初始计量金额；②在租赁期开始日或之前支付的租赁付款额；③承租人发生的初始直接费用；④承租人为拆卸及移除租赁资产、复原租赁资产所在场地或将租赁资产恢复至租赁条款约定状态预计将发生的成本。

租赁开始日后，承租人一方面应按合同约定分期支付租金，另一方面应按照固定的周期性利率计算租赁负债在租赁期内各期间的利息费用，并计入当期损益或相关资产成本；对于使用权资产，承租人应当采用成本模式对其进行后续计量，即承租人需要对使用权资产计提折旧并按规定计提减值准备，以成本减去累计折旧及累计减值准备后的金额计量使用权资产。

因重估或租赁变更等原因导致租赁付款额发生变动时，承租人需要重新计量租赁负债的账面价值，并据此相应地调整使用权资产的账面价值。承租人需要重新计量租赁负债的，具体包括实质固定付款额发生变动、担保余值预计的应付金额发生变动、用于确定租赁付款额的指数或比率发生变动以及购买选择权、续租选择权或终止租赁选择权的评估结果或实际行使情况发生变化四种情况。

（五）出租人的会计处理

租赁准则对承租人与出租人采用了不对称的会计处理，出租人需要在租赁开始日将租赁分为融资租赁和经营租赁分别进行会计处理。如果一项租赁实质上转移了与租赁资产所有权有关的几乎全部风险和报酬，出租人应当将该项租赁分类为融资租赁。出租人应当将除融资租赁以外的其他租赁分类为经营租赁。

对于融资租赁，出租人应当在租赁期开始日确认应收融资租赁款，并终止确认融资租赁资产。出租人应当以租赁投资净额作为应收融资租赁款的入账价值，租赁投资净额为未担保余值和租赁期开始日尚未收到的租赁收款额按照租赁内含利率折现的现值之和。租赁期开始日后，出租人应按照固定的周期性利率计算并确认租赁期内各个期间的利息收入。

对于经营租赁，出租人应采用直线法或者其他系统合理的方法将经营租赁的租赁收款额确认为租金收入。

（六）特殊租赁业务的会计处理

转租赁是指承租人在租赁期内将所租入的资产再转租给第三方的特殊租赁模式，租赁准则要求转租出租人对原租赁合同和转租赁合同分别根据承租人和出租人会计处理的要求进行处理。转租赁中原租赁合同的承租人需要对租入的资产确认使用权资产。转租赁合同中的出租人应基于原租赁中使用权资产，而不是租赁资产（如作为租赁对象的不动产或设备）对转租赁进行分类，其将转租赁按照经营租赁处理的，应在租赁期分期确认租赁收入，不改变原承租的相关核算；将转租赁按融资租赁处理的，需要终止确认与原租赁相关且转给转租赁合同的承租人的使用权资产，并确认转租赁的投资净额，将两者间的差额确认为损益，并在转租赁租赁期内确认租赁收益。原租赁为短期租赁，且转租出租人作为承租人已采用简化会计处理方法的，应将转租赁分类为经营租赁。

对于生产商或经销商出租人的融资租赁，如果生产商或经销商出租其产品或商品构成融资租赁的，实质上是转移了与租赁资产所有权有关的几乎全部风险和报酬，该租赁相当于一种销售，在会计处理时应确认其销售收入和结转销售成本，并在租赁期间确认租赁利息收入。在该业务中，如何核算生产商或经销商获得产品销售利润与金融服务利润是该业务会计核算的关键。根据租赁准则，生产商或经销商作为出租人形成融资租赁的，生产商或经销商出租人在租赁期开始日应当按照租赁资产公允价值与租赁收款额按市场利率折现的现值两者孰低确认收入，并按照租赁资产账面价值扣除未担保余值的现值后的余额结转销售成本，收入和销售成本的差额作为销售损益。

售后租回是指承租人（卖方）将标的资产转移给出租人（买方），然后从出租人（买方）处又将同一资产租回的交易，企业应当按照收入准则（2017）的规定，评估确定售后租回交易中的资产转让是否属于销售，并区别进行会计处理。如果承租人在资产转移给出租人之前已经取得对标的资产的控制，则该交易属于售后租回交易。如果承租人未能在资产转移给出租人之前取得对标的资产的控制，那么，即便承租人在资产转移给出租人之前先获得标的资产的法定所有权，该交易也不属于售后租回交易。售后租回交易中的资产转让属于销售的，由于卖方兼承租人仍享有标的资产的控制权，应当按原资产账面价值中与租回获得的使用权相关的部分，确认并计量售后租回形成的使用权资产，并仅就转让至买方兼出租人的权利确认相关利得或损失。售后租回交易中的资产转让不属于销售的，双方的交易实质是一项融资活动。卖方兼承租人不终止确认所转让的资产，而应当将收到的货币资金作为金融负债的对价，买方兼出租人不确认被转让资产，而应当将支付的货币资金作为获得的金融资产对价，均按照金融工具确认和计量准则进行会计处理。

二、练习题

（一）单项选择题

1. 下列各项中，不属于判断一项合同是否包含租赁或是否属于租赁时必须要求满足的要素是（ ）。

A. 存在一定期间

B. 存在已识别资产

C. 存在确定的时间段

D. 资产供应方向客户转移对已识别资产使用权的控制

2. 下列关于租赁期的说法中，不正确的是（ ）。

A. 租赁期确定后不可进行修改

B. 租赁期包括承租人取得租赁资产控制权后的免租期

C. 租赁期开始日指租赁资产可开始供承租人使用的日期

D. 只有出租人具有终止租赁选择权的，租赁期包括终止租赁选择权涵盖的期间

3. 下列关于租赁会计处理的表述中，不正确的是（ ）。

A. 承租人在租赁开始时支付的租金应计入管理费用

B. 承租人在租赁中发生的初始直接费用应当计入使用权资产成本

C. 取决于指数或比率的可变租赁付款应计入租赁负债的初始计量金额

D. 与资产使用绩效相关的可变租赁付款额应在发生时直接计入当期损益或计入资产成本

4. 下列各项租赁中，属于短期租赁的是（ ）。

A. 租赁期为 10 个月的租赁

B. 租赁期为 13 个月的租赁

C. 租赁期为 10 个月且承租方具有购买选择权的租赁

D. 租赁期为 10 个月、承租人拥有 4 个月的续租选择权且能合理确定将行使该选择权租赁

5. 2×23 年 1 月 1 日，甲公司从乙公司租入机器设备一台，租赁期为 4 年，当日该设备的市场价格为 850 000 元。甲公司于当日取得该设备并投入使用。租赁合同规定：第 1 年免租金，第 2 年至第 4 年的租金分别为 360 000 元、340 000 元、260 000 元；第 2 年至第 4 年的租金于每年年初支付。甲公司不能取得乙公司租赁内含利率信息，其增量借款利率为 4%。2×23 年 1 月 1 日甲公司应确认的租赁负债为（ ）元。[（P/F，4%，1）=0.9615，（P/F，4%，2）=0.9246，（P/F，4%，3）=0.8890，（P/F，4%，4）=0.8548]

A. 850 000　　B. 857 364

C. 891 644　　D. 960 000

6. 2×23 年 1 月 1 日，甲公司将一台全新大型设备出租，与该业务相关的资料如下：（1）该设备租赁期为 6 年，设备使用寿命为 7 年，每年年末收取租金 8 万元；（2）承租人在租赁期内当年产量超过 1 000 台的，应于当期额外支付 1 万元租金；（3）租赁期开始日发生初始直接费用 2 万元；（4）承租人提供的租赁资产担保余值为 7 万元；（5）与承租人和甲公司均无关联关系的第三方提供的租赁资产担保余值为 3 万元。2×23 年 1 月 1 日，甲公司对该租出大型设备确认的租赁收款额为（ ）万元。

A. 48　　B. 54

C. 58　　D. 64

7. 2×23 年 1 月 1 日，甲公司与乙公司签订一份租赁合同，甲公司从乙公司租入一台设

备，租赁期为 3 年，每年年末支付租金 40 万元，双方约定设备租赁期届满时，甲公司支付 2 万元即可取得该设备，预计甲公司将会行使该优惠购买选择权，租赁期届满时该设备的剩余使用寿命为 1 年，租赁内含利率为 7%。甲公司对该租入设备采用年限平均法计提折旧。不考虑其他因素，甲公司每年应对使用权资产计提的折旧金额为（　　）万元。［（P/A，7%，3）=2.6243，（P/F，7%，3）=0.8163］

A. 26.65　　B. 26.24

C. 34.99　　D. 35.53

8. 出租人在经营租赁中发生的初始直接费用，应计入（　　）。

A. 租赁收入　　B. 管理费用

C. 租赁收款额　　D. 租赁标的资产的成本

9. 租赁期开始日后承租人的实质固定付款额发生变动的，承租人应当按变动后的租赁付款额的现值重新计量租赁负债，下列项目中，应同时调整的是（　　）。

A. 财务费用　　B. 资本公积

C. 使用权资产　　D. 其他综合收益

10. 甲公司作为出租方与乙公司签订一份资产租赁合同，租赁期为 8 年，每年租金 50 万元于每年年末收取。乙公司担保的资产余值为 20 万元，与乙公司有关的 A 公司担保余值 30 万元，独立于双方的第三方担保的资产余值为 10 万元，未担保余值为 40 万元。甲公司在租赁期开始日应当确认的租赁收款额是（　　）万元。

A. 400　　B. 450

C. 460　　D. 500

11. 转租赁的中间出租人将转租赁分类为经营租赁的，下列说法中不正确的是（　　）。

A. 转租赁出租人应在租赁期分期确认租赁收入

B. 转租赁出租人应继续保留与原租赁相关的租赁负债与使用权资产

C. 转租赁出租人应继续确认使用权资产的折旧费用与租赁负债的利息费用

D. 转租赁出租人应将使用权资产与转租赁投资净额间的差额确认为租赁收益

12. 承租人甲公司与出租人乙公司签订了一份 5 年期的设备租赁合同。甲公司拥有在租赁期结束时以 8 000 元购买该设备的选择权；租赁付款额固定为每年 20 000 元，于每年年末支付。甲公司无法确定租赁内含利率，其增量借款利率为 5%。在租赁期开始日，甲公司不能合理确定将行使购买选择权。已知甲公司根据原定计划计算的第三年年末租赁负债账面价值为 37 188 元。假设在第 3 年年末发生甲公司可控范围内的变化，甲公司预计该设备在租赁期结束时的公允价值为 20 000 元，重新评估其行使购买选择权的可能性后认为能够合理确定将行使该购买选择权。假设甲公司无法确定剩余租赁期间的租赁内含利率，其第 3 年年末的增量借款利率为 6%。甲公司第 3 年年末，应调增租赁负债账面价值的金额为（　　）元。

A. 7 256　　B. 8 000

C. 13 720　　D. 20 000

13. 承租人甲公司与出租人乙公司签订了 5 年期的汽车租赁合同。合同约定：如果标的汽车在租赁期结束时的公允价值低于 80 000 元，则甲公司需向乙公司支付汽车公允价值与 80 000 元之间的差额。在租赁期开始日，甲公司预计标的汽车在租赁期结束时的公允价值为

70 000 元。在租赁期开始日后，承租人甲公司对该汽车在租赁期结束时的公允价值进行监测。假设在第 1 年年末，甲公司预计该汽车在租赁期结束时的公允价值为 50 000 元。不考虑其他因素，承租人甲公司下列做法正确的是（　　）。

A. 在租赁期开始日，甲公司应将预计的标的汽车在租赁期结束时的公允价值 70 000 元纳入租赁付款额

B. 在租赁期开始日，甲公司应将该担保余值下预计应付的金额 10 000 元纳入租赁付款额

C. 第 1 年年末，甲公司不需要根据担保余值下预计应付金额重新计量租赁负债

D. 第 1 年年末，甲公司应根据预计的标的汽车在租赁期结束时的公允价值 50 000 元重新计量租赁负债

14. 承租人甲公司与出租人乙公司签订了为期 7 年的商铺租赁合同。每年的租赁付款额为 45 000 元，在每年年末支付；除固定付款额外，合同还规定租赁期间甲公司商铺当年销售额超过 100 000 元的，当年应再支付按销售额的 2% 计算的租金，于当年年末支付。租赁期开始日，甲公司确认的租赁负债为 260 000 元。甲公司无法确定租赁内含利率，其增量借款利率为 5.04%。假设在租赁的第 1 年，该商铺的销售额为 110 000 元。不考虑其他因素，甲公司在第 1 年年末因租赁业务减少当期损益的金额为（　　）元。

A. 2 200　　B. 13 104

C. 15 304　　D. 47 200

15. 甲公司向乙公司出租一项专利权，租赁期为 5 年。租赁期开始日为 2×23 年 1 月 1 日，每年末支付租金 78 万元，租赁期满时该设备的资产余值为 50 万元，乙公司与其关联方承担的担保余值为 20 万元，独立于甲公司和乙公司的担保公司担保的资产余值为 10 万元。该专利权原值为 440 万元，累计摊销为 80 万元，租赁期开始日的公允价值为 350 万元。甲公司另支付相关税费 5 万元，且判断该租赁为融资租赁。不考虑其他因素，甲公司 2×23 年 1 月 1 日确认的未实现融资收益金额为（　　）万元。

A. 55　　B. 75

C. 80　　D. 85

（二）判断题

1. 若租赁合同包含非租赁成分，出租人可以按照租赁资产的类别选择是否分拆合同包含的租赁和非租赁部分。（　　）

2. 租赁合同中的“一定期间”可以是一定期间，也可以表述为已识别资产的使用量。（　　）

3. 租赁期开始日是指出租人提供租赁资产使其可供承租人使用的起始日期，租赁协议中对起租日或租金支付时间的约定，并不影响租赁期开始日的判断。（　　）

4. 承租人提供的担保余值应按最大敞口计入其租赁付款额。（　　）

5. 承租人能够合理确定租赁期届满时取得租赁资产所有权的，应当在租赁资产剩余使用寿命内计提折旧。（　　）

6. 实质固定付款额发生变动的，承租人应当按照变动后的租赁付款额的现值重新计量租赁负债，使用权资产的账面价值并不受影响。（　　）

7. 在判断租赁是否属于短期租赁时，需要考虑续租选择权和终止租赁选择权对租赁期的影响。（　　）

8. 出租人应当在租赁期开始日对融资租赁确认应收融资租赁款，以反映未担保余值和尚未收到的租赁收款额的现值。（　　）

9. 出租人应当将经营租赁中收到的租金直接确认为当期租金收入。（　　）

10. 售后租回交易中的资产转让属于销售的，卖方应将在销售行为中取得的对价全额确认相关利得或损失。（　　）

（三）多项选择题

1. 下列租赁合同中，承租人可以选择不确认使用权资产和租赁负债的有（　　）。
   A. 短期租赁　　B. 经营租赁
   C. 融资租赁　　D. 低价值资产租赁

2. 下列关于低价值资产租赁会计处理的说法中，正确的有（　　）。
   A. 低价值资产租赁的低价值标准是一个绝对金额
   B. 承租人不应当确认低价值资产租赁中的使用权资产与租赁负债
   C. 低价值资产中的低价值应基于租赁资产在租赁期开始日的公允价值进行判断
   D. 承租人将原租赁资产进行转租赁的，不能将原租赁按低价值资产租赁进行简化会计处理

3. 下列各项中，影响承租方所确认使用权资产金额的有（　　）。
   A. 租赁资产的公允价值　　B. 租赁负债的初始计量金额
   C. 租赁资产的预计使用年限　　D. 承租人发生的初始直接费用

4. 下列项目中，不得直接计入承租方当期损益的有（　　）。
   A. 承租方的初始直接费用
   B. 与承租方业绩挂钩的可变租赁付款额
   C. 租赁负债中未确认融资费用的摊销额
   D. 租赁期开始日出租方给予的租赁激励

5. 下列关于租赁的会计处理表述中，正确的有（　　）。
   A. 存在免租期的，出租人在免租期内不需要确认租金收入
   B. 租赁期开始日，是指出租人提供租赁资产使其可供承租人使用的起始日期
   C. 出租人融资出租资产的，应以租赁投资净额作为应收融资租赁款的入账价值
   D. 售后租回交易中的资产转让不属于销售的，销售方（承租人）应将收到的现金确认为金融负债

6. 承租人发生的下列支出，构成租赁付款额的有（　　）。
   A. 每年年末支付的租金
   B. 承租人发生的佣金中介费
   C. 承租人将租赁资产恢复至租赁条款约定状态预计将发生的成本
   D. 承租人合理确定将行使购买选择权的情况下，购买选择权的行权价格

7. 下列项目中，构成出租人融资租赁收款额的有（　　）。
   A. 未担保余值

B. 出租人替承租人承担的费用

C. 租赁期内承租人需支付的租金

D. 合理确定承租人将行使购买选择权的行权价格

8. 出租人甲公司将一台大型设备租赁给乙公司，甲公司判断该租赁为融资租赁。租赁开始日估计的租赁期届满时租赁资产的公允价值为 2 250 万元，租赁合同中约定，乙公司担保的资产余值为 450 万元，乙公司的子公司担保的资产余值为 650 万元，另外，担保公司担保金额为 675 万元。下列关于出租人会计处理的表述中，不正确的有（　　）。

A. 将未担保余值 475 万元的现值确认为一项资产

B. 将未担保余值 475 万元计入租赁收款额中

C. 租赁收款额中包含乙公司及其子公司担保的余值 1 100 万元

D. 期末资产负债表中列示与该租赁相关的长期应收款 2 250 万元

9. 下列关于融资租赁出租人租赁期开始日会计处理的说法中，正确的有（　　）。

A. 将发生的初始直接费用计入当期损益

B. 终止确认融资租赁资产时不得确认资产持有利得

C. 将承租人与独立第三方担保的余值计入租赁收款额中

D. “应收融资租赁款”科目下设置“租赁收款额”与“未实现融资收益”两个明细科目

10. 转租赁业务中，转租出租人将转租赁按融资租赁处理时，下列关于其会计处理的说法中正确的有（　　）。

A. 应确认转租赁的融资收益

B. 应确认原租赁的利息费用

C. 应终止确认全部的使用权资产

D. 应终止确认原租赁的租赁负债

11. 下列关于生产商或经销商出租人融资租赁会计处理的说法中，正确的有（　　）。

A. 未担保余值的现值属于营业成本

B. 在租赁期开始日应当按照租赁资产公允价值确认收入

C. 取得融资租赁所发生的成本不属于初始直接费用，应当计入当期损益

D. 生产商或经销商作为出租人应当确认其销售收入、结转销售成本，并确认租赁利息收入

12. 下列关于租赁负债计量的折现率选择的说法中，正确的有（　　）。

A. 租赁付款额发生变动对租赁负债进行重新计量时，应采用租赁期开始日确定的折现率

B. 租赁期开始日计算租赁负债现值时，可选择租赁内含利率或承租人增量借款利率作为折现率

C. 担保余值预计的应付金额发生变动对租赁负债进行重新计量时，应采用租赁期开始日确定的折现率

D. 用于确定租赁付款额的指数或比率（浮动利率除外）发生变动对租赁负债进行重新计量时，应采用租赁期开始日确定的折现率

13. 租赁期开始日后承租人对租赁业务进行会计处理时，下列各项中影响其确认每年摊销的未确认融资费用的有（　　）。

A. 租赁内含利率

B. 租赁资产的尚可使用年限

C. 租赁开始日使用权资产的入账价值

D. 租赁负债的期初账面价值

14. 甲生产商将其生产的产品以融资租赁的方式出租给乙公司，在租赁期开始日，租赁资产公允价值为 110 万元，租赁收款额按市场利率折现的现值为 107 万元，租赁资产账面价值为 90 万元，未担保余值的现值为 3 万元，为取得融资租赁发生的成本为 1 万元。下列甲生产商的会计处理中，正确的有（　　）。

A. 在租赁期开始日确认收入 110 万元

B. 在租赁期开始日结转销售成本 87 万元

C. 将为取得融资租赁发生的成本 1 万元计入当期损益

D. 租赁期开始日该项租赁的营业利润额为 20 万元

15. 下列关于使用权资产后续计量的说法中，正确的有（　　）。

A. 以成本减去累计折旧及累计减值准备后的金额计量使用权资产

B. 导致使用权资产减值的因素消失后，使用权资产所提减值准备可以转回

C. 承租人应当根据与使用权资产有关的经济利益的预期实现方式确定使用权资产的折旧方法

D. 承租人能合理确定租赁期满时能取得租赁资产所有权时，应在租赁资产剩余使用寿命内计提折旧

（四）综合题

1. 2×21 年 1 月 1 日，甲公司与乙公司签订一项租赁协议，协议约定：甲公司自当日起从乙公司租入某栋建筑物的一楼临街商铺，租赁期为 10 年，甲公司拥有 5 年的续租选择权；甲公司若年销售额超过 100 万元，当年除约定租金外还另向乙公司支付按年销售额 2% 计算的租金，于当年年末支付。其他有关资料如下：

（1）初始租赁期内的不含税租金为每年 10 万元，续租期间为每年 11 万元，各年租金应于每年年初支付；在租赁期开始日，甲公司评估后认为，不能合理确定将行使续租选择权；

（2）为获得该项租赁，甲公司发生的初始直接费用为 4 万元，其中，3 万元为向该商铺前任租户支付的款项，1 万元为向促成此租赁交易的房地产中介支付的佣金；

（3）作为对甲公司的激励，乙公司同意补偿甲公司 1 万元的佣金；

（4）该栋建筑物在租赁期开始日尚可使用寿命为 30 年；

（5）甲公司无法确定租赁内含利率，其增量借款利率为每年 5%，该利率反映的是甲公司以类似抵押条件借入期限为 10 年、与使用权资产等值的相同币种的借款而必须支付的利率；

（6）2×22 年甲公司销售额为 110 万元。

假设不考虑相关税费等其他因素影响；（P/A，5%，9）=7.1078，（P/A，5%，14）=9.8986；甲公司选择自租赁期开始日的当月起对该项使用权资产采用年限平均法计提折旧。

要求：（1）计算甲公司使用权资产的初始成本，并编制其在租入该资产时与该项租赁相关的会计分录；

（2）编制甲公司在2×21年与2×22年与该项租赁相关的会计分录；

（3）计算2×23年年初甲公司租赁负债的余额，并编制甲公司在2×23年年初与该项租赁相关的会计分录。

2. 2×22年12月1日，甲公司从乙公司处租入一台不需要安装的全新生产设备，设备公允价值为470万元，预计经济寿命为7年。租赁合同约定：租赁期4年，第1年租金为200万元，第2年与第3年租金均为150万元，最后一年免租金；租金于租赁期开始日后每年年末支付；租赁期满后，甲公司可选择支付20万元取得该生产设备所有权，或将生产设备归还乙公司。

租赁期满时，该生产设备的公允价值估计为100万元；甲公司合理估计租赁期满时会行使该购买权。甲公司不能取得有关乙公司租赁内含利率的信息，甲公司4年期增量银行贷款利率为6%。2×22年12月31日，生产设备运抵甲公司并投入使用。甲公司对使用权资产按直线法计提折旧，不考虑增值税等相关税费。

复利现值系数如下：

项目	1	2	3	4
（P/F，6%，n）	0.9434	0.8900	0.8396	0.7921

要求：编制甲公司2×22年、2×23年与租赁业务相关的会计分录。

3. 2×21年1月1日，甲公司将一台办公设备出租给乙公司使用，租期为3年。设备价值100万元，预计使用年限10年。租赁合同规定，租赁期开始日（2×21年1月1日）乙公司向甲公司一次性预付租金15万元，第1年年末支付租金15万元，第2年年末支付租金20万元，第3年年末支付租金25万元。租赁期届满后甲公司收回设备，三年的租金总额75万元。甲公司在年末确认租金费用和租金收入，并且不存在租金逾期支付情况，不考虑相关税费。

要求：判断甲公司出租业务的类型并编制相关会计分录。

4. 甲公司是一家大型货车制造商，其为客户提供直接购买货车或租赁货车的选择。甲公司制造一辆A大型货车的成本为人民币210 000元。2×22年1月1日，甲公司与乙客户签订了一份租赁合同，向乙客户出租其生产制造的A大型货车，合同主要条款如下：

（1）租赁资产：A大型货车；（2）租赁期：自2×22年1月1日起8年，并于2×22年1月1日交付租赁资产给乙客户；（3）租金支付：自2×22年起每年年末支付年租金40 000元；（4）租赁合同规定的利率：7%（年利率），与市场利率相同。

A大型货车2×22年1月1日的公允价值为人民币250 000元，甲公司预计该货车剩余使用寿命为8年，且租赁到期时余值为2 000元，乙客户未对余值提供担保。假设租赁期开始日，租赁收款额按市场利率折现的现值为人民币238 852元，未担保余值的现值为人民币1 164元。租赁期内A大型货车的保险和维修等费用均由乙客户自行承担，且不考虑其他因素和各项税费影响。租赁期满时，甲公司收回A大型货车，余值为2 000元。[（P/A，7%，8）=5.9713，（P/F，7%，8）=0.5820]

要求：编制甲公司2×22年和2×29年与该租赁业务相关的会计分录。

5. 2×23年1月1日，甲公司（卖方兼承租人）以5 500万元的价格将一台生产设备出售给非关联方乙公司（买方兼出租人）。交易前该设备原值为6 500万元，已计提折旧2 000万元，未计提减值，在销售当日的公允价值为5 000万元。同时，合同约定甲公司将设备回租，租赁期为5年（设备尚可使用6年），年租金1 200万元，于每年年末支付。甲公司转让设备符合收入准则中关于销售成立的条件。甲、乙公司的内含年利率为5%。[（P/A，5%，5）=4.3295]

要求：编制甲公司在租赁期开始日及2×23年12月31日的会计分录。

第九章

上市公司信息披露

一、重难点解析

（一）上市公司信息披露的基本原则与主要内容

信息披露义务人披露的信息，应当真实、准确、完整，简明清晰，通俗易懂，不得有虚假记载、误导性陈述或者重大遗漏。因此，上市公司信息披露必须遵循真实、准确、完整、及时和公平等基本原则。

上市公司信息披露的载体主要表现为招股说明书、募集说明书、上市公告书、定期报告和临时报告等文件。

（二）分部报告与中期报告

合并财务报表信息不能反映出集团对各个经营分部的依赖程度，不利于信息使用者对集团整体风险与报酬进行更合理的预测，分部报告以企业的经营分部和地区分部为主体编制，能够提供分部信息的财务报告，对合并报表进行解释和补充。

为了提高财务报告的有用性，大多数国家都要求上市公司除提供年度报告外，还应当披露中期报告，以更及时地向信息使用者提供较为完整的会计信息。中期财务报告包括月度财务报告、季度财务报告、半年度财务报告，也包括年初至本中期末的财务报告。

（三）自愿性信息披露

自愿性信息披露是指除强制性披露的信息之外，上市公司基于公司形象、投资者关系、回避诉讼风险等动机主动披露的信息。自愿性信息披露已经成为上市公司法定信息披露的有益补充和投资者了解公司的重要来源，提升了信息披露的有效性。自愿性披露内容应当符合“认定的重大性”，具有可靠性、充分关联性，并保持持续性。

二、思考题

1. 公司在不同行业的经营信息对投资者有何帮助？

2. 一家公司有 10 个行业分部，其中最大的 5 个占到公司总收入的 80% 。在决定需单独报告的分部数量时，需要考虑哪些重要因素？其余分部应该如何报告？

3. 关于公司的主要客户，必须披露哪些信息？客户的名称是否要披露？

4. 投资者如何利用中期报告来确定公司的季节性趋势？

5. 如何在中期基础上确认收入？

6. 说明在中期基础上计算销售成本和存货成本的基本规则。在什么情况下允许采用估计来确定成本？

7. 在中期财务报表和年度财务报表中运用存货的成本与可变现净值孰低法有何不同？

第十章

破产清算会计

一、重难点解析

（一）破产清算及其会计特征

破产清算是指在公司不能清偿到期债务的情况下，依照破产法的规定所进行的清算。法院受理债权人或债务人的破产申请后，通常应当按照法律规定的程序进行处理。破产清算的程序通常包括：指定破产管理人、通知债权人申报债权、召开债权人会议、确认债务人财产、拨付破产费用和共益债务的清偿、破产财产的变现和清偿以及最终破产程序的终结。

破产清算会计是用来反映、监督破产企业自宣告破产之日至破产程序终结日之间发生的经济事项和经济活动的一种非持续经营会计。破产清算会计属于财务会计的一个分支，其恪守着财务会计的某些固有理论和方法。但是，它又表现出与常规财务会计的不同。具体表现在会计假设、会计目标、会计对象及要素、会计计量属性以及会计报告内容和形式等方面。

（二）破产清算会计的原则及账务处理

破产企业会计确认、计量和报告以非持续经营为前提。破产企业在破产清算期间的资产（债务人财产或破产财产）应当以破产资产清算净值计量。破产企业在破产清算期间的负债应当以破产债务清偿价值计量。

管理人在接管破产企业后，应当建立新账结转期初余额。其中，应按破产资产清算净值对破产宣告日的资产进行初始计量；按照破产债务清偿价值对破产宣告日的负债进行初始计量；相关差额直接计入清算净值。在破产清算期间，应当按照破产资产清算净值与破产债务清偿价值对破产企业的资产与负债进行后续计量，并按破产报表日的破产资产清算净值和破产债务清偿价值，对资产和负债的账面价值分别进行调整，差额计入清算损益。破产清算期间发生资产处置、债务清偿、盘盈等业务的，破产企业应将相关损益计入清算损益。

破产管理人接管破产企业的会计档案后，可以比照原有资产、负债类会计科目，根据实际情况设置相关科目，并增设相关负债类、清算净值类和清算损益类等会计科目。负债类科目包括“应付破产费用”和“应付共益债务”科目，清算净值类科目包括“清算净值”科目，清算损益类科目包括“资产处置净损益”“债务清偿净损益”“破产资产和负债净值变动净损益”“其他收益”“破产费用”“共益债务支出”“其他费用”“所得税费用”“清算净损益”等科目。

破产企业应当按照规定编制清算财务报表，向法院、债权人会议等报表使用者反映破产企业在破产清算过程中的财务状况、清算损益、现金流量变动和债务偿付状况。破产企业的财务报表包括清算资产负债表、清算损益表、清算现金流量表、债务清偿表及相关附注。

二、练习题

（一）单项选择题

1. 下列各项中，属于破产清算债务人财产应优先支付的是（　　）。
   A. 破产费用　　B. 普通破产债权
   C. 破产企业所欠职工工资　　D. 破产企业所欠职工养老保险
2. 清算会计对于收入和费用确认采用的原则是（　　）。
   A. 历史成本原则　　B. 权责发生制原则
   C. 收益性支出原则　　D. 收付实现制原则
3. 下列各项中，属于被清算企业核算资产与负债差额的科目是（　　）。
   A. 清算净值　　B. 清算损益
   C. 清算分配　　D. 清算人损益
4. 被清算企业在清算期间发生的下列各项费用中，应当计入破产费用的是（　　）。
   A. 公告费　　B. 管理人执行职务致人损害的债务
   C. 继续营业的人员工资　　D. 清算损失
5. 进入破产清算阶段的企业，其会计核算中不需设置的科目是（　　）。
   A. 应收账款　　B. 原材料
   C. 资本公积　　D. 破产费用
6. 下列关于企业破产清算财产支付顺序的说法中，正确的是（　　）。
   A. 缴纳所欠税款、支付破产费用、支付未付工资、清偿其他无担保债务
   B. 支付未付工资、支付破产费用、缴纳所欠税款、清偿其他无担保债务
   C. 支付破产费用、支付未付工资、缴纳所欠税款、清偿其他无担保债务
   D. 清偿其他无担保债务、支付破产费用、支付未付工资、缴纳所欠税款
7. 破产清算组工作人员的酬金及劳务费应计入（　　）。
   A. 管理费用　　B. 工资费用
   C. 清算损益　　D. 破产费用
8. 破产清算会计中，下列各项会计假设中已不再适用的是（　　）。
   A. 会计主体　　B. 持续经营
   C. 会计分期　　D. 货币计量
9. 破产清算会计中，“固定资产”科目核算的是（　　）。
   A. 固定资产清算净值　　B. 固定资产原值
   C. 固定资产变现价值　　D. 固定资产重置价值

10. 破产企业应当按照破产宣告日的破产资产清算净值和破产债务清偿价值，对资产和负债的账面价值分别进行调整，差额计入（　　）。

A. 清算净值　　B. 未分配利润

C. 清算损益　　D. 营业外收入

11. 企业被法院宣告破产并编制新的科目余额表时，原“应付账款”“其他应付款”等科目中属于破产法所规定的破产费用的余额，应当转入（　　）。

A. 资本公积　　B. 其他综合收益

C. 应付破产费用　　D. 其他业务收入

12. 破产清算会计中，用来核算破产企业在破产清算期间处置破产资产产生的、扣除相关处置费用后的净损益的科目是（　　）。

A. 应付共益债务　　B. 应付破产费用

C. 清算损益　　D. 破产费用

（二）判断题

1. 破产企业在破产清算期间的资产应当以破产资产清算净值计量。（　　）

2. 破产企业会计确认、计量和报告以持续经营为前提。（　　）

3. 破产报表日，“清算净损益”科目应当结转至清算净值。（　　）

4. 债务人已依法设定担保物权的特定财产，应当认定为债务人财产。（　　）

5. 破产企业应当对各类负债进行核查，应按规定对各负债科目余额进行调整，并相应调整“清算净值”科目。（　　）

6. 破产报表日具体包括破产宣告日、债权人会议确定的编报日、破产终结申请日等。（　　）

7. 破产债务清偿价值是指在考虑破产企业的实际清偿能力和折现等因素的情况下，破产企业按照相关法律规定或合同约定应当偿付的金额。（　　）

8. 破产清算期间发生资产处置的，破产企业应当终止确认相关被处置资产，并将处置所得金额与被处置资产的账面价值的差额扣除直接相关的处置费用后，计入清算损益。（　　）

（三）多项选择题

1. 下列各项经济业务中，属于清算企业会计核算内容的有（　　）。

A. 债权的收回　　B. 债务的清偿

C. 破产财产的处置　　D. 清算费用的支付

2. 下列各项中，属于清算损益类科目的有（　　）。

A. 破产费用　　B. 所得税费用

C. 清算净损益　　D. 待处理财产损溢

3. 企业清算期间，清算机构发生的下列各项支出中，应当计入破产费用的有（　　）。

A. 聘用人员工资　　B. 破产案件诉讼费

C. 清算损失　　D. 执行清算事务的差旅费

4. 下列关于企业破产清算会计的表述中，正确的有（　　）。

A. 原所有者权益类科目的余额应转入“清算净值”科目

B. “所得税费用”科目核算所欠所得税款

C. 破产企业在破产清算期间的资产，应当按照破产资产清算净值进行后续计量

D. 在编制破产清算期间的财务报表时，应当将“清算净损益”科目余额转入“清算净值”科目

5. 向法院申请裁定破产终结的，破产企业应当编制（　　）。

A. 清算损益表　　　　　　　　　　B. 债务清偿表

C. 相关附注　　　　　　　　　　　D. 清算资产负债表

（四）综合题

甲公司因经营管理不善，发生严重亏损，已资不抵债且不能清偿到期债务，法院受理债权人破产申请后宣告其破产。清算组在破产清算期间的业务如下：

（1）经债权人申报，发现且经法院认可的未入账债务 45 万元；

（2）通过清查、盘点等方式取得的未入账的固定资产 8.2 万元；

（3）变卖原材料取得货款 54 万元，相关的增值税销项税额为 9.18 万元，该原材料的账面价值 42.38 万元；

（4）处置各项固定资产取得收入 70 万元，存入银行，各项固定资产的账面原值总额为 101.6 万元，累计折旧 15.2 万元，未计提资产减值准备；

（5）支付处置破产资产发生的各类评估、拍卖等各种费用 4.5 万元。

不考虑其他因素。

要求：编制与破产清算相关的会计分录。

模拟试卷（一）

一、单项选择题

1. 下列关于非同一控制下企业合并会计处理的表述中，不正确的是（　　）。

A. 以取得被购买方控制权的日期作为购买日

B. 合并中发生的各项直接费用计入合并成本

C. 合并成本高于取得的被合并方可辩认净资产公允价值份额的差额在合并财务报表中确认为商誉

D. 合并成本低于合并取得的可辩认净资产公允价值份额的差额在合并财务报表中计入当期损益

2. 下列合并理论中，在合并财务报表中确认完全商誉的是（　　）。

A. 实体理论　　B. 综合理论

C. 所有权理论　　D. 母公司理论

3. 下列各项中，不属于合并财务报表编制前的准备工作的是（　　）。

A. 折算子公司外币报表　　B. 统一母子公司会计期间

C. 统一母子公司会计政策　　D. 抵销母子公司间交易的会计处理

4. 母公司将其产品以高于生产成本的价格销售给子公司作为管理用固定资产，预计使用期限为10年。交付使用的第二年连续编制合并财务报表时，下列项目中不需要进行抵销的是（　　）。

A. 固定资产　　B. 管理费用

C. 资产处置收益　　D. 期初未分配利润

5. 合伙企业在清偿债务时，其正确的清偿顺序是（　　）。

A. 先偿付欠合伙人以外的债务，再偿付欠合伙人的债务

B. 先偿付欠合伙人的债务，再偿付欠合伙人以外的债务

C. 按平均比例偿付欠合伙人以外的债务和欠合伙人的债务

D. 先偿付欠合伙人以外的债务，再偿付欠合伙人的债务，最后剩余现金分配给合伙人

6. 根据我国企业会计准则，将外币财务报表折算为人民币财务报表时，所有者权益变动表中的“未分配利润”项目应当（　　）。

A. 按历史汇率折算

B. 按当年平均汇率折算

C. 按资产负债表日即期汇率折算

D. 根据折算后所有者权益变动表中的其他项目的数额计算确定

7. 母、子公司间发生内部存货交易的，下列关于少数股东损益的说法中正确的是（　　）。

A. 少数股东损益受到逆销未实现损益影响

B. 少数股东损益受到顺销利得或损失影响

C. 少数股东损益不会受交易利得或损失影响

D. 少数股东损益总是会被交易利得或损失影响

8. 现行汇率法下，下列财务报表项目中，应当按历史汇率折算的是（　　）。

A. 应收账款　　B. 无形资产

C. 长期股权投资　　D. 实收资本

9. A、B、C 三人共同投资设立合伙企业，合伙权益余额分别为 40 000 元、30 000 元与 30 000 元。现 A、B、C 同意 D 入伙，D 投入的资金为 40 000 元，分享 20% 的合伙权益。商誉法下，应确认的商誉金额为（　　）元。

A. 15 000　　B. 20 000

C. 25 000　　D. 60 000

10. 根据我国企业会计准则，下列对于外币财务报表折算差额的处理中，正确的是（　　）。

A. 在非流动负债下列示

B. 作为管理费用列示

C. 在非流动资产下列示

D. 在资产负债表中所有者权益项目下单独列示

二、多项选择题

1. 在判断投资方是否能够控制被投资方时，投资方应当具备的要素有（　　）。

A. 拥有对被投资方的权力

B. 参与被投资方财务和经营政策决策过程

C. 有能力运用对被投资方的权力影响其回报金额

D. 通过参与被投资方的相关活动而享有可变回报

2. 下列关于租赁会计处理的表述中，正确的有（　　）。

A. 承租人在租赁期开始日支付的租金应计入使用权资产成本

B. 承租人在租赁中发生的初始直接费用应计入使用权资产成本

C. 取决于指数或比率的可变租赁付款应计入租赁负债的初始计量金额中

D. 与资产使用绩效相关的可变租赁付款应在发生时计入使用权资产成本

3. 下列各项中，属于合伙企业会计核算设置的特有账户的有（　　）。

A. 合伙人资本　　B. 合伙人提款

C. 本年利润　　D. 管理费用

4. 下列关于内部交易及其未实现损益的合并处理中，正确的有（　　）。

A. 期末存在内部交易未实现损益的，应当调减当期合并净利润

B. 期初内部交易未实现损益在当期实现的，应当调增当期合并净利润

C. 内部交易形成期末未实现损益的，应当调整期末合并资产负债表中资产的列示金额

D. 当期发生内部交易但并不存在期末未实现损益的，期末编制合并财务报表时不需要进行调整

5. 甲公司为国内公司，其记账本位币为欧元。甲公司发生的下列交易中，属于外币交易的有（　　）。

A. 买入以人民币计价的固定资产

B. 归还人民币应付账款

C. 从国外购入以美元计价的生产用原材料

D. 买入以欧元计价的债券作为以公允价值计量且其变动计入其他综合收益的金融资产

三、判断题

1. 同一控制下企业合并合并日合并利润表中，应当包括合并各方自合并当期期初至合并日所发生的收入及费用。（　　）

2. 在评估投资方是否享有被投资方的可变回报时，不应当考虑其享有的固定利息回报。（　　）

3. 编制非同一控制下企业合并合并资产负债表时，应当以被投资方合并日资产与负债的公允价值为基础对其资产与负债进行调整。（　　）

4. 合并资产负债表中未分配利润应当是母公司以权益法核算对子公司长期股权投资下的金额。（　　）

5. 当期内部存货交易形成期末未实现损益的，应当全部抵销归属于母公司的净利润。（　　）

6. 连续编制合并财务报表时，将母公司长期股权投资成本法调整为权益法需要调整年初未分配利润与当期投资收益。（　　）

7. 合伙企业给予合伙人的报酬，应当在合伙企业利润表中作为当期费用处理。（　　）

8. 企业的记账本位币一经确定，不得变更。（　　）

9. 企业以投机为目的持有衍生金融工具的，其衍生金融工具公允价值的变化应当计入当期损益。（　　）

10. 承租人可以选择对短期租赁进行简化处理，不在其报表中确认使用权资产与租赁负债。（　　）

四、业务题

1. 2×22 年 1 月 1 日，甲公司从乙公司租入一条生产线，租赁合同的主要条款如下：

（1）乙公司于 2×22 年 1 月 1 日将生产线控制权转移给甲公司，租赁期为 5 年，租约不可撤销。

（2）租金为每年 8 万元，甲公司应于每年年末支付。

（3）甲公司可以于租赁期结束时以 1 万元的价格购买该生产线，预计租赁期结束时该生产线的公允价值为 5 万元。

（4）乙公司本租赁项目的内含利率为8%。

另外，甲公司在租赁合约的谈判、签署过程中，以银行存款支付印花税、佣金等合计0.5万元。甲公司同类固定资产在年末按年限平均法计提折旧，该生产线的预计使用寿命为6年，预计净残值为0。

（P/A，8%，5）=3.993，（P/F，8%，5）=0.681

要求：对甲公司租赁业务在2×22年1月1日、12月31日和2×23年12月31日的会计事项进行处理。

2. 2×22年11月1日，甲公司与境外乙公司签订合同，约定于2×23年1月31日以每吨7 000美元的价格购入1 000吨铜。甲公司为规避购入铜成本的外汇风险，于当日与某金融机构签订一项3个月到期的外汇远期合同，约定汇率为1美元=6.4人民币元，合同金额700万美元，当日该远期合同的公允价值为0。2×23年1月31日，甲公司以净额方式结算该外汇远期合同并购入铜。

其他资料：（1）2×22年12月31日，美元对人民币1个月远期汇率为1美元=6.5人民币元；（2）2×23年1月31日，美元对人民币即期汇率为1美元=6.55人民币元；（3）该套期符合运用套期会计的条件；（4）不考虑增值税等相关税费和远期合同的远期要素。

要求：若甲公司将上述套期划分为现金流量套期，分别编制2×22年11月1日、2×22年12月31日和2×23年1月31日有关分录。

3. 2×22年1月2日，甲公司以发行1 400万股本公司普通股（每股面值1元，市价为6元）为对价，从非关联第三方处取得乙公司70%股权，当日能够对乙公司实施控制。甲公司该项合并及合并后有关交易或事项如下：

（1）2×22年1月2日，乙公司净资产账面价值为8 200万元，其中：实收资本2 400万元、资本公积3 200万元、盈余公积1 000万元、未分配利润1 600万元。当日，乙公司可辨认净资产的公允价值为9 000万元，与净资产账面价值间的差额为一批存货评估增值，该批存货的40%已在2×22年对外出售。

（2）甲公司2×22年与乙公司发生的有关交易或事项如下：

2×22年12月31日，乙公司存货中包括一批原材料，系于2×22年初自甲公司购入，购入时乙公司支付1 500万元，该批原材料在甲公司的成本为1 000万元，未计提过存货跌价准备（该材料系甲公司生产的产品）。2×22年12月31日，乙公司估计该批存货可变现净值为700万元，计提了800万元存货跌价准备。

2×22年12月20日，乙公司将自用设备以2 700万元的价格出售给甲公司，相关款项已于当日结清。甲公司将该设备作为管理用固定资产，并于当月投入使用。该设备系乙公司于2×20年12月以2 400万元取得，原预计使用10年，预计净残值为0，采用年限平均法计提折旧，未发生减值。甲公司取得该资产后，预计尚可使用8年，预计净残值为0，采用年限平均法计提折旧。

（3）2×22年乙公司实现净利润1 100万元，提取盈余公积100万元，分配现金股利300万元。

不考虑其他因素。

要求：（1）计算合并日合并财务报表中应当确认的少数股东权益；（2）编制2×22年合并工作底稿中的合并分录。

模拟试卷（二）

一、单项选择题

1. 在权益结合法下，合并过程中发生的直接费用，应当（　　）。

A. 确认为商誉　　B. 计入资本公积

C. 计入当期损益　　D. 计入合并成本

2. 甲公司和 A 公司均为 P 公司的子公司。2×23 年 1 月 1 日，甲公司发行 1 000 万股普通股（每股面值 1 元，市价 4 元）取得 A 公司 80% 的股份，能够对 A 公司实施控制。当日，A 公司个别财务报表中可辨认净资产的账面价值为 2 800 万元，P 公司合并财务报表中 A 公司净资产的账面价值为 3 500 万元（含商誉 500 万元）。2×23 年 1 月 1 日，甲公司应确认的长期股权投资入账价值为（　　）万元。

A. 1 000　　B. 2 400

C. 2 240　　D. 2 900

3. 下列子公司中，不应当纳入母公司合并财务报表的是（　　）。

A. 资不抵债的子公司

B. 处于特殊行业的子公司

C. 投资性主体拥有的不为其投资活动提供相关服务的子公司

D. 资产总额、营业收入和当期净利润在集团中所占份额较小的子公司

4. 甲公司记账本位币为人民币，其外币交易采用交易日的即期汇率折算。下列业务发生时会产生当期损益的是（　　）。

A. 向银行借入期限为 6 个月的英镑借款

B. 将收到的港币货款兑换为人民币存入银行

C. 购入以美元计价的原材料，货款尚未支付

D. 接受投资者美元投资，合同约定汇率高于当日即期汇率

5. 甲公司拥有乙公司 80% 的有表决权股份，能够对乙公司实施控制。2×23 年 6 月 1 日，甲公司将一批产品出售给乙公司，售价为 600 万元（不含增值税），成本为 400 万元，该批产品未计提存货跌价准备。至 2×23 年 12 月 31 日，乙公司已对外售出该批存货的 20%，结存的存货期末未发生减值。不考虑其他因素，2×23 年度合并利润表中因该事项应列示的营业成本为（　　）万元。

A. 400　　B. 80

C. 320　　D. 480

6. 甲公司为乙公司的母公司。2×23 年 6 月 15 日，乙公司将其成本为 76 万元的产品以

100 万元的市场价格销售给甲公司。甲公司购入后作为管理用固定资产并于当月投入使用，预计使用年限为 4 年，采用年限平均法计提折旧，预计净残值为 0。假定不考虑增值税和所得税的影响，甲公司在编制 2 ×23 年 12 月 31 日合并资产负债表时，应调减“固定资产”项目的金额为（　　）万元。

A. 21　　B. 6
C. 19　　D. 24

7. 国内甲企业主要从事商品销售，该企业 20% 的销售收入来源于出口，采用美元计价和结算；原材料的 30% 来源于从法国进口，以欧元计价和结算；其他业务采用人民币计价和结算。该企业的记账本位币应该是（　　）。

A. 美元　　B. 欧元
C. 人民币　　D. 美元和欧元

8. 现金流量套期的会计处理中，套期工具产生的利得属于有效套期的部分，应当计入（　　）。

A. 公允价值变动损益　　B. 其他综合收益
C. 投资收益　　D. 财务费用

9. 2 ×22 年 7 月 1 日，甲公司将一栋写字楼以经营租赁方式出租给乙公司。租赁合同约定，租赁期为 2 ×22 年 7 月 1 日至 2 ×23 年 6 月 30 日，租赁期前 2 个月免收租金，后 10 个月的租金为每月 15 万元。此外，甲公司为乙公司代付了由乙公司负担的电子灯牌制作安装费 3 万元。甲公司按直线法确认租金收入。不考虑算他因素，甲公司 2 ×22 年度应确认的租金收入为（　　）万元。

A. 73. 5　　B. 49
C. 60　　D. 75

10. 下列各项中，不属于破产企业破产财产的是（　　）。

A. 破产企业内属于他人的财产
B. 宣告破产时破产企业经营管理的全部财产
C. 破产企业在破产宣告后至破产程序终结前所取得的财产
D. 作为担保物财产的价款超过其所担保的债务数额的部分

二、多项选择题

1. 企业在评估对被投资单位能否实施控制时，应考虑的因素有（　　）。

A. 拥有对被投资方的权力
B. 通过参与被投资方的相关活动而享有可变回报
C. 有能力运用对被投资方的权力影响其回报金额
D. 从被投资单位获得固定回报

2. 下列各项中，可以作为汇兑损益计入当期损益的有（　　）。

A. 买入外汇时发生的汇兑差额　　B. 卖出外汇时发生的汇兑差额
C. 接受投入的外币资本折算差额　　D. 期末应收账款科目的汇兑差额

3. 下列各项中，可作为公允价值套期的有（　　）。

A. 签订期货合约，对预期商品销售的价格风险进行套期
B. 签订利率互换协议，对预期发行债券的利息的现金流量变动风险进行套期
C. 签订利率互换协议，对承担的固定利率负债的公允价值变动风险进行套期
D. 买入远期外汇合同，对以固定外币价格购买资产的确定承诺的外汇汇率变动风险进行套期

4. 下列关于租赁业务中租赁期的说法中，正确的有（　　）。
A. 租赁期是指承租人有权使用租赁资产且不可撤销的期间
B. 承租人有续租选择权，且合理确定将行使该选择权的，租赁期应当包含续租选择权涵盖的期间
C. 承租人有终止租赁选择权，但合理确定将不会行使该选择权的，租赁期应当包含终止租赁选择权涵盖的期间
D. 如果承租人在租赁协议约定的起租日或租金起付日之前，已获得对租赁资产使用权的控制，则表明租赁期已经开始

5. 根据我国企业会计准则，下列各项关于境外经营财务报表折算的说法中，正确的有（　　）。
A. 股本采用股东出资日的即期汇率折算
B. 未分配利润项目采用报告期平均汇率折算
C. 当期提取的盈余公积采用当期平均汇率折算
D. 固定资产采用资产负债表日即期汇率折算

三、判断题

1. 非同一控制下企业合并中，购买方将合并成本小于合并中取得的被购买方可辨认净资产公允价值份额的差额在合并财务报表中确认为当期损益。（　　）
2. 投资方具有对被投资方与其关联方进行交易的否决权，说明投资方对被投资方能够实施控制。（　　）
3. 合并财务报表中少数股东损益与母公司个别财务报表中确认的投资收益之比为相应持股比例之比。（　　）
4. 子公司将当期从母公司购入的存货全部出外出售的，母公司在期末编制合并财务报表时不需要调整营业收入与营业成本。（　　）
5. 合伙企业在清算时需要设置“清算损益”账户以核算清算过程中发生的费用、财产变现损益以及债权债务清算损益等。（　　）
6. 当企业在境内的子公司采用的记账本位币不同于企业的记账本位币时，企业也应将该子公司视同为境外经营。（　　）
7. 被套期项目为其他权益工具投资的，其因被套期风险敞口形成的利得或损失仍应计入其他综合收益。（　　）
8. 承租人总是应当在租赁期内对使用权资产计提折旧。（　　）
9. 对于短期租赁，承租人可以采用简化会计处理，不确认使用权资产以及租赁负债。（　　）

10. 破产企业在破产清算期间的负债应当以破产债务清偿价值计量。 （ ）

四、业务题

1. 甲公司的记账本位币为人民币，外币业务采用业务发生时的即期汇率折算，按月计算外币账户的汇兑差额。有关资料如下：

（1）2×23 年 12 月 1 日，甲公司有关外币账户的余额如下表所示：（单位：万元）

账户	美元金额	人民币金额
银行存款（美元户）	500	3 100
应付账款（美元户）	100	620
应收账款（美元户）	20	124

（2）2×23 年 12 月甲公司发生的外币业务如下：

12 月 2 日，以每吨 1 500 美元的价格从国外进口新型原材料 200 吨，材料价款 30 万美元，于当日验收入库，货款尚未支付。当日市场汇率为 1 美元 =6.24 人民币元。

12 月 6 日，收到国外某公司追加的外币资本投资 1 000 万美元，款项于当日存入银行，当日市场汇率为 1 美元 =6.26 人民币元。甲公司与该公司的投资合同于 2×23 年 8 月 10 日签订，当日市场汇率为 1 美元 =6.18 人民币元，投资合同中对外币资本投资的约定汇率为 1 美元 =6.20 人民币元。

12 月 8 日，甲公司出口商品一批，总价款为 120 万美元。该商品销售已符合收入确认条件，但款项尚未收到。当日市场汇率为 1 美元 =6.28 人民币元。

（3）2×23 年 12 月 31 日，期初购进的新型原材料已使用 150 吨，仍有 50 吨在库。此时国内市场仍无此材料供应，但此材料的国际市场售价已降至每吨 1 300 美元。2×23 年 12 月 31 日，当日市场汇率为 1 美元 = 6.34 人民币元。假定不考虑上述交易过程中的相关税费。

要求：（单位：万元）

（1）根据上述资料，编制有关交易发生时的会计分录。

（2）对甲公司 2×23 年 12 月外币账户汇兑差额汇总进行账务处理。

（3）计算 2×23 年 12 月 31 日原材料应计提的跌价准备。

2. 2×23 年 1 月 1 日，甲公司以现金 800 万元购入乙公司股票，将其作为以公允价值计量且其变动计入其他综合收益的其他权益工具投资核算。2×23 年 5 月 1 日，该批乙公司股票公允价值为 1 000 万元。当日，甲公司与某金融机构签订衍生品合约，对其持有的乙公司股票进行套期保值，假定该套期符合套期有效性的条件。

2×23 年 5 月 31 日，该批乙公司股票公允价值下跌 100 万元，套期工具公允价值上升 100 万元。2×23 年 6 月 30 日，该批乙公司股票公允价值下跌 200 万元，套期工具公允价值上升 200 万元。当日，甲公司与金融机构结算衍生品合约。

不考虑其他因素。

要求：编制甲公司 2×23 年 5 月 1 日、5 月 31 日及 6 月 30 日的相关会计分录。

3. 2×23 年 1 月 1 日，甲公司以现金 13 000 万元作为对价，从外部非关联方购买乙公司 80% 股权。购买日，乙公司可辨认净资产的账面价值为 15 000 万元，其中：股本为 10 000 万元，资本公积为 1 000 万元，盈余公积为 500 万元，未分配利润为 3 500 万元。当日，乙公司除下列资产公允价值与其账面价值存在差异外，其他各项可辨认资产与负债的公允价值等于其账面价值（单位：万元）：

项目	账面价值	公允价值	评估增值
存货	2 000	2 100	100
固定资产	6 500	6 900	400
合计	—	—	500

乙公司该项固定资产为管理使用，预计未来仍可使用 20 年，预计净残值为 0，采用年限平均法计提折旧。乙公司购买日发生的评估增值的存货，本年已全部对外销售。乙公司 2×23年实现净利润 1 000 万元，提取盈余公积 100 万元。

2×23 年，甲公司从乙公司购进 A 商品 40 件，单位价格为每件 2 万元。乙公司的 A 商品每件单位成本为 1.5 万元。2×23 年，甲公司对外销售 A 商品 30 件，每件单位销售价格为 2.2 万元，年末仍结存 A 商品 10 件。

不考虑其他因素。

要求：（1）计算甲公司购买日合并资产负债表中应当确认的商誉金额；（2）编制甲公司 2×23 年合并财务报表工作底稿中的合并分录。

第二部分

练习题参考答案及解析

第一章

企业合并

一、单项选择题答案及解析

1. D。选项 A 为共同控制而非控制；选项 B 为购入少数股东持有的股权，不形成控制权的转移；选项 C 中被控制企业不构成业务，上述三项均不属于企业合并。

2. A。

3. D。同一控制下企业合并中合并方支付对价账面价值与取得的被合并方净资产账面价值份额间的差额应计入所有者权益。

4. C。非同一控制下企业合并的会计处理采用购买法，以合并日公允价值为基础计量被购买方资产与负债。

5. B。非同一控制下的控股合并中购买方按支付对价的公允价值确认长期股权投资，企业合并成本小于合并中取得的被购买方可辨认净资产公允价值份额只在合并利润表中才确认为损益。

6. D。

7. A。甲公司在该项非同一控制下企业合并中的合并成本为其增发股份在购买日的公允价值5 000（5×1 000）万元，商誉=5 000－5 000×80%＝1 000（万元）。甲公司发生的律师服务等费用应当在发生时计入当期损益。

8. D。该企业合并为同一控制下企业合并，合并成本为被并方资产与负债在最终控制方合并报表中的金额的份额。乙公司可辨认净资产按最初非同一控制下企业合并购买日净资产公允价值为基础计算的结果为5 600万元，甲公司在其中享有的份额加上商誉即为该项企业合并的合并成本。即合并成本＝5 600×80%＋500＝4 980（万元）。

9. D。

10. D。非同一控制下企业合并中的或有对价被确认为一项资产的，其公允价值的变化应当计入当期损益。

11. C。该项企业合并中的或有对价在购买日的公允价值为500万元，因此，甲公司在该项非同一控制下企业合并中的合并成本为其增发股份在购买日的公允价值与或有对价公允价值之和，为13 000（5×2 500＋500）万元。甲公司发生的直接相关费用于发生时计入当期损益。

12. B。此项企业合并为反向购买，其中，甲公司是法律上的母公司，实际上却是会计上的被购买方。合并后乙公司原股东持有甲公司和乙公司组成的合并报告主体的股权比例

=3 000/(1 000 +3 000) ×100% =75%，对甲公司形成控制，因此该业务属于反向购买，乙公司为会计上的购买方，合并成本 = 虚拟增发的普通股股数 × 每股股票的公允价值 =(1 500/75% -1 500) ×8 =4 000（万元）。一种简单算法是：反向购买前法律上母公司股数乘以其每股公允价值，即合并成本 =1 000 ×4 =4 000（万元）。

13. B。

14. A。该项企业合并的合并成本为乙公司净资产在最终控制方合并财务报表中的账面价值中甲公司享有的份额，即合并成本 =2 500 ×60% =1 500（万元）。资本公积为合并成本与支付对价资产账面价值之间的差额，即应当贷记资本公积450（1 500 -1 050）（万元）。

15. D。

二、判断题答案及解析

1. 正确。吸收合并的主并方取得的是被并方的资产与负债，而非股权。

2. 正确。

3. 不正确。同一控制下企业合并的或有对价不影响合并成本，主并方应根据或有事项准则的规定，判断是否应就或有对价确认预计负债或者确认资产以及应确认的金额，该金额与后期对价结算金额的差额应当调整所有者权益；非同一控制下企业合并中的或有对价，购买方应按照其在购买日的公允价值计入企业合并成本，同时确认一项权益、负债或资产。

4. 不正确。被购买方拥有但在其原财务报表中未确认的无形资产满足条件的，应确认为无形资产；另外，还应将合并成本高于被购买方购买日可辨认净资产份额的差额确认为商誉。

5. 正确。

6. 正确。

7. 不正确。反向购买中发行权益性证券的一方的生产经营决策反而被参与合并的另一方原股东所控制，根据企业合并准则，其应当是企业合并的被购买方。

8. 不正确。法律上母公司应按长期股权投资准则的要求，在其个别财务报表中确认对法律上子公司的长期股权投资。

9. 正确。

10. 正确。

三、多项选择题答案及解析

1. CD。成本法与权益法为长期股权投资取得后的后续计量的方法。

2. CD。横向合并与多元合并是根据参加合并各方所处行业关系对企业合并进行的分类。

3. AD。选项 B 与选项 C 分别为重大影响与共同控制的投资，而非取得另一方的控制权，不属于企业合并。

4. ABC。同一控制下企业合并的合并成本高于合并中取得的被并方净资产账面价值的差额应计入所有者权益。

5. BD。同一控制下企业合并合并财务报表编制应遵从一体化存续原则，合并留存收益应当反映合并各方合并前的留存收益，因此被合并方合并前留存收益中归属于合并方的部分应自资本公积转入留存收益，被合并方的各项资产、负债应按账面价值计量。选项 A 与选项 C 错误。

6. ABD。

7. ABCD。

8. BD。

9. ABD。

10. BC。购买日为甲公司取得乙公司控制权的时间点，即 2×23 年 6 月 30 日，选项 A 不正确。非同一控制下企业合并合并成本为购买方支付对价的公允价值，即合并成本 = 13 × 6 000 = 78 000（万元）。购买日甲公司个别资产负债表确认资本公积 =（13 − 1）× 6 000 = 7 200（万元），选项 D 不正确。

11. BC。

12. AB。反向购买中法律上子公司实际上为购买方，其资产与负债应当以账面价值列示。少数股东权益应当反映少数股东按持股比例计算享有的法律上子公司合并前净资产账面价值的份额。因此，选项 C 与选项 D 不正确。

13. AB。该企业合并为反向购买，其中，乙公司为会计上的购买方。合并成本是乙公司如果以发行权益性证券的方式为获得在合并后报告主体的股权比例，应向甲公司的股东发行的权益性证券数量与其公允价值计算的结果。乙公司股东合并后持有甲公司的股权比例为 75%［1 500/（1 500 + 500）］，乙公司应向甲公司股东发行的股票数量为 667（2 000/75% − 2 000）万股，与每股市价相乘的结果即为合并成本，约为 10 000（15 × 667）万元。商誉 = 10 000 − 8 000 = 2 000（万元），选项 C 不正确。股本应为合并后乙公司股本金额 2 667（2 000 + 667）万元。乙公司并未真正发行股权以换股合并甲公司，因此选项 D 不正确。

14. AD。吸收合并中参与合并的一方被注销，不会形成母子公司关系，同时，合并方也无需在其个别报表中确认长期股权投资。虽然吸收合并中参与合并的一方被注销，但其资产与负债已被合并方所控制。选项 B 与选项 C 不正确。

15. BC。B 与 C 事项中被并方控制权发生转移，报告主体发生变化，且参与合并双方合并前受同一方控制，因此为同一控制下的企业合并。A 与 D 事项中参与合并双方合并前并不属于同一方控制，因此不属于同一控制下的企业合并。

四、综合题答案及解析

1. 答案及解析：

（1）该项企业合并为非同一控制下企业合并，合并日为 2×22 年 1 月 1 日。

（2）合并成本 = 5 000 × 12 + 1 500 = 61 500（万元）。

商誉 = 61 500 −（45 000 + 5 000）× 90% = 16 500（万元）。

（3）甲公司取得乙公司股权的会计分录：

借：长期股权投资	61 500	
贷：股本		5 000

资本公积 55 000
银行存款 1 500

支付各项费用的会计分录：

借：资本公积 800
管理费用 200
贷：银行存款 1 000

2. 答案及解析：(1) 取得乙公司资产与负债的会计分录：

借：银行存款 1 200
应收账款 4 800
存货 11 000
固定资产 17 000
无形资产 29 000
商誉 11 500
贷：短期借款 2 500
应付账款 3 100
应付职工薪酬 1 000
应交税费 1 100
应付债券 5 300
股本 5 000
资本公积 55 000
银行存款 1 500

支付各项费用的会计分录：

借：资本公积 800
管理费用 200
贷：银行存款 1 000

(2) 甲公司合并后资产负债表：

资产负债表（简表）

编制单位：甲公司　　2×22 年 1 月 1 日　　单位：万元

资产	金额	负债和股东权益	金额
货币资金	3 900	短期借款	6 600
应收账款	8 300	应付账款	5 100
其他应收款	1 200	应付职工薪酬	1 300
存货	27 000	应交税费	2 600
长期股权投资	10 000	应付债券	6 300
固定资产	37 000	负债合计	21 900
无形资产	41 000	股本	35 000
商誉	11 500	资本公积	63 200
		盈余公积	7 980

续表

资产	金额	负债和股东权益	金额
		未分配利润	11 820
		股东权益合计	118 000
资产总计	139 900	负债和股东权益总计	139 900

3. 答案及解析：

（1）乙公司取得丁公司股权为同一控制下企业合并，合并日为2×22年7月1日。

（2）乙公司取得丁公司60%股权的初始投资成本=(4 000+800)×60%=2 880（万元）。

（3）乙公司取得丁公司60%股权的会计分录：

借：长期股权投资　2 880

　贷：银行存款　2 500

　　资本公积　380

4. 答案及解析：

（1）此项企业合并为反向购买，乙公司为会计上的购买方，甲公司为会计上的被购买方。理由：此项交易的实质是乙公司原股东取得了甲公司控制权。

（2）甲公司取得乙公司100%股权的长期股权投资初始投资成本=12 000×5=60 000（万元）。

会计分录如下：

借：长期股权投资　60 000

　贷：股本　12 000

　资本公积　48 000

借：管理费用　850

　贷：银行存款　850

（3）反向购买后，乙公司股东持有甲公司股权比例=12 000/(12 000+2 000)=85.71%。

反向购买的合并成本=(4 000/85.71%−4 000)×15≈10 000（万元）。

或合并成本=2 000×5=10 000（万元）。

商誉=10 000−(4 000+2 000)=4 000（万元）。

（4）购买日合并资产负债表中各项目金额如下：

固定资产=5 600+2 300=7 900（万元）。

无形资产=6 700+1 800+(3 500−1 500)=10 500（万元）。

股本=4 000+667=4 667（万元）。

资本公积=800+667×(15−1)=10 138（万元）。

盈余公积为1 500万元。

未分配利润为15 000万元。

5. 答案及解析：

（1）乙公司将资产与负债调整为购买日公允价值的会计分录：

借：固定资产　1 000

无形资产　　4 000
商誉　　11 500
贷：资本公积　　16 500

将留存收益转入资本公积的会计分录：

借：盈余公积　　600
未分配利润　　6 000
贷：资本公积　　6 600

（2）乙公司采用下推会计后的资产负债表：

资产负债表（简表）

编制单位：乙公司　　2×22 年 1 月 1 日　　单位：万元

资产	金额	负债和股东权益	金额
货币资金	1 200	短期借款	2 500
应收账款	4 800	应付账款	3 100
其他应收款	0	应付职工薪酬	1 000
存货	11 000	应交税费	1 100
长期股权投资	0	应付债券	5 300
固定资产	17 000	负债合计	13 000
无形资产	29 000	股本	38 000
商誉	11 500	资本公积	23 500
		盈余公积	0
		未分配利润	0
		股东权益合计	61 500
资产总计	74 500	负债和股东权益总计	74 500

第二章

合并财务报表（上）

一、单项选择题答案及解析

1. A。
2. B。合并财务报表反映的是母公司股东所控制的资源情况。
3. A。实体理论强调少数股东与母公司股东均为合并主体的所有者，对合并主体的净资产具有要求权，因此，合并报表中确认的商誉包括归属于这两类股东的商誉，即为完全商誉。
4. B。如果母公司是投资性主体，只应将为投资性主体的投资活动提供相关服务的子公司纳入合并范围，其他子公司不应予以合并。
5. B。合并财务报表的前期准备事项包括统一母、子公司会计政策，选项 B 为该类事项。而选项 A 与选项 C 中的事项为会计估计，选项 D 为错误会计处理。
6. D。通常情况下，实质性权利应当是当前可执行的权利，但某些情况下，目前不可行使的权利也可能是实质性权利，如某些潜在表决权。因此，选项 A 与选项 B 不正确，选项 D 正确。投资方对被投资方与其关联方进行交易的否决权为保护性权利，选项 C 不正确。
7. A。
8. B。
9. A。可变回报可以仅是正回报，仅是负回报，或者同时包括正回报和负回报，选项 A 正确；投资方收取的固定管理费也是一种变动回报，因为投资方是否能获得此回报依赖于被投资方能否获得足够的收益以支付该固定管理费，选项 B 不正确；其他投资方如少数股东可以分享被投资方的利润，选项 C 不正确；可变回报的形式多样，并不局限于股利，选项 D 不正确。
10. A。我国企业会计准则规定，非同一控制下企业合并只确认母公司股东享有的商誉，少数股东权益以子公司可辨认净资产公允价值为基础进行计算。

二、判断题答案及解析

1. 不正确。投资方对被投资方的权力还能够来自表决权之外的其他权利，如证券化产品、资产支持融资工具等结构化主体。
2. 正确。根据我国企业会计准则，合并财务报表中的少数股东权益以子公司可辨认净资产公允价值为基础计算，不包括商誉。

3. 正确。实体理论站在整个经济主体的角度来编制合并财务报表，按合并日的公允价值计算少数股东权益，其中包括归属于少数股东的商誉。

4. 正确。

5. 不正确。被母公司所控制的被投资方可以是企业、被投资单位的可分割部分以及母公司所控制的结构化主体，并不一定要求为企业法人。

6. 正确。

7. 正确。保护性权利是指仅为了保护权利持有人利益却没有赋予持有人相关活动决策权的一项权利。由于权力是控制的必要因素，因而投资方仅持有保护性权利并不能对被投资方实现控制，也不能阻止其他方控制被投资方。

8. 正确。

9. 不正确。对被投资方是否具有控制进行判断时，可变回报包括其他利益持有方无法得到的回报，并不限于股利等形式。

10. 不正确。母公司仍能对自行清算的子公司实施控制，应当将其纳入合并范围。

三、多项选择题答案及解析

1. ABCD。

2. AD。选项 B 中的被投资方为投资方的联营企业，选项 C 中的被投资方为投资方的合营企业，均不能纳入投资方的合并报表范围。

3. ACD。

4. ABD。实体理论将少数股东作为企业集团股东之一，将少数股东权益在合并资产负债表中的所有者权益部分列示，选项 C 不正确。

5. BCD。拥有一个以上投资者是投资性主体的特征，选项 A 不正确。

6. CD。合并财务报表工作底稿中的调整与抵销分录的借贷方为报表项目，是将报表数据从个表视角调整为合并视角的过程，不是根据母、子公司经济业务编制，选项 A 与选项 B 不正确。

7. ABCD。

8. ACD。

9. CD。

10. ABC。

四、案例分析题答案及解析

1. 判断：甲公司应将乙公司纳入合并范围。

理由：甲公司持股比例低于 50%，实际委派的董事为 3 名，没有超过半数。按照乙公司章程规定的董事会表决机制，重大事项需超过半数董事表决通过，虽然从目前董事会实际构成来看，甲公司不能完全决定董事会的决策结果，但根据企业会计准则有关控制的概念，控制是指主导相关活动的现时权利，无论该权利行使与否。根据章程，甲公司有权委派 4 名即超过半数的董事，从而控制董事会。只是目前甲公司暂时没有行使该权力，而只要甲公司愿意或需要，甲公司即可派驻第4位董事，而随时行使其控制权。此外，甲公司还享有对董事会决议的否决权，可以通过行使否决权来排除其他投资人的影响。因此甲公司虽然持股比例低于50%，且委派的董事没有超过半数，但甲公司能够控制乙公司，因而应将乙公司纳入合并范围。

2. 判断：甲公司应将乙公司纳入合并范围。

理由：A公司持有乙公司75%的股权，是乙公司的大股东，且享有乙公司相应的可变回报。A公司可以委派总经理等管理层负责乙公司的日常经营，但所有重大事项必须上报董事会表决。乙公司董事会的构成和决策方式表明，A公司仅是代理人，并不对乙公司拥有控制权。甲公司能够运用对乙公司董事会的控制影响乙公司的相关活动而产生的回报，因此甲公司能够控制乙公司，需将乙公司纳入合并范围。

3. 判断：甲公司应将该养老中心纳入合并范围。

理由：本例中，养老中心的最高权力机构为理事会，理事会由3名理事构成，其中2人由甲公司指派。理事会作出决议必须经全体理事过半数通过，修改章程、解散、变更形式的决议必须经全体理事2/3以上通过。需由2/3以上理事通过的事项为保护性决策事项，该养老中心的实质性决策事项由全体理事过半通过有效，因此，甲公司对养老中心的财务和经营政策具有决定权。养老中心无法进行利润分配，并非必然代表甲公司无法获取经济利益。甲公司除履行社会责任外，设立养老中心的经济目的是通过养老中心的运营提升其保险产品销售规模。同时甲公司是养老中心的唯一出资方，不存在其他经济利益相关方，因此，甲公司实质上从养老中心运营中获取到了经济利益。甲公司具备主导养老中心相关活动的权力并有能力影响可变回报，需要将该养老中心纳入合并范围。

4. 判断：甲公司应将乙公司纳入合并范围。

理由：判断投资方在被投资方进入破产重整阶段时是否仍然应将被投资方纳入合并范围，仍需要遵循合并财务报表准则相关规定，以控制为基础进行判断。

（1）乙公司经人民法院审查裁定已进入破产重整阶段，并指定A律师事务所为破产管理人，但可以在管理人的监督下自行管理财产和营业事务，且在预期重整完成后将继续营业。从实际情况来看，乙公司的相关活动及其决策机制均未发生实质性改变。甲公司对乙公司的权力只是在破产重整期间受到了一定范围的暂时性限制，并未改变其拥有的实质性权利，甲公司仍然拥有对乙公司的权力。（2）在重整期间，债务人的出资人不得请求投资收益分配。该规定限制了甲公司在乙公司破产重整期间请求获得回报的权利，但该限制仅仅是暂时性的，甲公司享有随乙公司业绩而变动的回报的经济实质未发生改变。在乙公司完成破产重整之后，甲公司以股利方式获得乙公司回报的权利将不再受到限制，甲公司仍享有乙公司的经营业绩和股权价值变动等可变回报，包括享有乙公司破产重整期间的经营所得及相关股权价值变动等。可见，甲公司享有乙公司可变回报的实质未发生改变。（3）在人民法院终止重整程序之前，乙公司自行管理财产和营业事务的情况下，乙公司的相关活动和决策机制均未发生实质性改变，甲公司仍然以主要责任人的身份运用对乙公司的权力影响其可变回报。

综上所述，根据合并财务报表准则等有关规定，甲公司在编制2×22年度合并财务报表时，不再将乙公司纳入合并范围的做法是不恰当的。截至2×22年12月31日，甲公司仍拥有对乙公司的权力，享有乙公司的可变回报，且有能力运用对乙公司的权力影响其回报金额，因此仍可以控制乙公司，应将其纳入合并范围。

第三章

合并财务报表（中）

一、单项选择题答案及解析

1. D。合并资产负债表以控制为基础进行编制，母公司应将其能控制的而非拥有的子公司资产与负债按合并日公允价值列示于表中，母公司资产与负债仍按原账面价值列示，选项B与选项C不正确；母公司个别资产负债表中的长期股权投资已被子公司各项资产与负债替代，因此不能列示于合并资产负债表中，选项A不正确。

2. D。应当抵销的乙公司期末未分配利润并不是乙公司资产负债表中的期末未分配利润，而是经过公允价值调整后的金额，即（50－100/10）－50×10%＝35（万元）。

3. C。合并资产负债表中的所有者权益包括母公司股东与少数股东对企业集团净资产的要求权，因此，除母公司个别报表中的所有者权益外，还有少数股东权益。

4. A。非同一控制下企业合并中，商誉等于合并成本与合并日子公司可辨认净资产中母公司份额间的差额，即6 000×8－（6 000＋15 200＋18 000＋30 000－36 000）×100%＝14 800（万元）。

5. B。合并日合并资产负债表中，母公司资产与负债按原账面价值列示，子公司资产与负债按合并日公允价值列示，无形资产＝40 000＋30 000＝70 000（万元）。

6. B。合并日合并资产负债表中的股本为母公司发行的普通股面值总额，即30 000＋6 000＝36 000（万元）。

7. C。合并日合并资产负债表中的留存收益为母公司完成企业合并会计处理后个别报表中的留存收益金额，即2 000－200＝1 800（万元）。

8. C。母公司采用成本法对子公司长期股权投资进行核算，因此，2×23年甲公司个别利润表中列示的投资收益2 000万元中包括对乙公司的投资收益180万元，另外1 820万元来自其他投资项目收益，合并利润表中投资收益应按1 820万元列示。

9. B。非同一控制下企业合并的合并资产负债表中，母公司资产与负债按原账面价值列示，子公司资产与负债按合并日公允价值为基础进行计算。此题中，2×23年12月31日，子公司固定资产的账面价值与以合并日公允价值为基础计算的金额间的差异为（9 000－8 500）×8/10＝400（万元），因此，合并资产负债表中固定资产金额为9 000＋400＝9 400（万元）。

10. C。母公司成本法下对子公司的投资收益为120（200×60%），而权益法下对子公司的投资收益为300（500×60%），两者间差额为180万元。甲公司合并资产负债表中所有者权益为其个别资产负债表中所有者权益调整为权益法下计算的金额，即为 1 000 + 180 =1 180（万元）。

11. D。合并财务报表中的留存收益与归属于母公司的净利润均应当为以权益法为基础计算的结果，因此，选项 A 与选项 B 不正确；同一控制下合并日合并利润表中应当反映母公司与子公司从合并当期期初至合并日的收入与费用，因此，选项 C 不正确。

12. D。选项 A、B、C 中，子公司所有者权益金额变化，少数股东享有的部分随之变化。而选项 D 中，子公司可辨认净资产公允价值变动并不影响合并资产负债表中列示的资产与负债金额，因此相关项目不会发生变动。

13. A。甲公司在编制合并财务报表时采用权益法调整对子公司的长期股权投资，权益法下，2×23 年 12 月 31 日长期股权投资 =5 000 +（1 000 －1 200/20）×80% +（1 300 －1 200/20）×80% －（200 +300）×80% =6 344（万元）。甲公司编制 2×23 年合并财务报表调整分录时按照权益法应将长期股权投资调整为 6 344 万元。

14. A。乙公司个别报表中 2×22 年的期初未分配利润以乙公司资产负债的账面价值为基础，需要将其调整为公允价值为基础的期初未分配利润。

15. A。

二、判断题答案及解析

1. 不正确。根据我国企业会计准则，母公司在其个别报表中对其持有的子公司的投资只能采用成本法进行核算。

2. 正确。

3. 不正确。合并财务报表中列示的少数股东权益为其在子公司净资产中所享有的份额，其中的子公司净资产应当以合并日子公司可辨认净资产公允价值为基础持续计算的金额。

4. 正确。合并利润表中的投资收益应当列示合并主体对外部主体投资产生的投资收益，不包括母公司对子公司的投资收益。

5. 正确。

6. 正确。

7. 不正确。非同一控制下企业合并合并后第一年编制的合并利润表，不应当包含子公司合并当期期初至合并日实现的净利润，只应将合并日后子公司实现的收入与费用合并入合并利润表。

8. 正确。

9. 不正确。合并财务报表中“向股东分配利润”项目应当反映母公司向其股东分配的利润，而不应当包含子公司的利润分配。

10. 不正确。非同一控制下企业合并合并资产负债表中，母公司的资产应当以账面价值为基础，而子公司的资产应以合并日公允价值为基础。

三、多项选择题答案及解析

1. ABCD。

2. ABD。

3. ABCD。合并利润表中少数股东损益 =400 ×30% =120（万元），合并资产负债表中少数股东权益 =4 000 ×30% +120 -100 ×30% =1 290（万元），合并资产负债表中股东权益总额 =7 000 +(400 -100) ×70% +1 290 =8 500（万元），合并资产负债表中归属于母公司的股东权益 =7 000 +(400 -100) ×70% =7 210（万元）。

4. AD。合并利润表中不列示对子公司的投资收益，选项 B 不正确；合并报表的编制并不会影响子公司个别资产负债表项目，选项 C 不正确。

5. ABCD。

6. AB。2 ×22 年度少数股东损益 =2 000 ×20% =400（万元），2 ×23 年度少数股东损益 = -4 500 ×20% = -900（万元），2 ×23 年 12 月 31 日少数股东权益 =800 -900 = -100（万元），2 ×23 年 12 月 31 日归属于母公司的股东权益为 8 000 +2 000 ×80% -4 500 ×80% =6 000（万元）。

7. ABC。选项 D 中不能是两者直接相加，应当经过一系列的调整才能得到合并净利润。

8. ABCD。2 ×23 年 12 月 31 日，甲公司合并资产负债表中少数股东权益 =(5 600 +500 -400 -6 000) ×20% = -60（万元），2 ×22 年 12 月 31 日，甲公司合并资产负债表中少数股东权益（5 600 +500 -400）×20% =1 140（万元）。

9. BCD。甲公司应当在个别报表中确认资本公积 =1 800 ×90% -1 000 =620（万元），甲公司在合并日编制合并资产负债表时，应将自乙公司处于同一控制下至该同一控制下合并日乙公司实现留存收益归属于甲公司的份额，自资本公积转出，即 =800 ×90% =720（万元）。选项 B、C、D 正确。该企业合并为同一控制下企业合并，甲公司在合并日应当编制合并资产负债表、合并利润表、合并现金流量表与合并所有者权益变动表，选项 A 不正确。

10. ABC。合并利润表中投资收益 =600 -200 ×70% =460（万元），少数股东损益 =1 500 ×30% -(12 000 -11 000) ×40% ×30% =330（万元），调整子公司期初未分配利润 =(12 000 -11 000) ×60% =600（万元），归属于母公司所有者的净利润 =2 000 +1 500 ×70% -(12 000 -11 000) ×40% ×70% -200 ×70% =2 000 +770 -140 =2 630（万元）。

11. AD。选项 A 应当调整母公司期初未分配利润，选项 D 应当调整子公司期初未分配利润，选项 B 与选项 C 需要调整的是当期损益项目，而非期初未分配利润。

12. ABCD。

13. BCD。合并资产负债表中，子公司的所有者权益应全部抵销，其与母公司长期股权投资的差额部分，应当确认为少数股东权益，选项 A 不正确。

14. BC。选项 A 为内部投资收益，不应当计入合并净利润，选项 D 不影响当期净利润。

15. AB。选项 C 中计算少数股东权益时应当以合并日子公司可辨认净资产公允价值为基础，选项 D 中的两个比例会因为合并资产负债表中确认的商誉的原因而不同。

四、综合题答案及解析

1. 答案及解析：

（1）甲公司对乙公司的合并为非同一控制下企业合并。理由：甲公司与乙公司在合并前后均不受同一方或相同的多方最终控制。

（2）甲公司对乙公司长期股权投资的投资成本 =2 000×25 =50 000（万元）；甲公司取得乙公司 80% 股权时的会计分录为：

借：长期股权投资　50 000
　　贷：股本　2000
　　　　资本公积　48 000
借：管理费用　10
　　资本公积　100
　　贷：银行存款　110

（3）甲公司企业合并中形成的商誉 =50 000 -（49 000 +1 400）×80% =9 680（万元）。

少数股东权益 =（49 000 +1 400）×20% =10 080（万元）。

2×22 年 1 月 1 日甲公司合并工作底稿中的调整与抵销分录如下：

调整乙公司可辨认净资产价值：

借：固定资产　900
　　无形资产　500
　　贷：资本公积　1 400

抵销甲公司长期股权投资与乙公司所有者权益：

借：股本　20 000
　　资本公积　（9 000 +1 400）10 400
　　盈余公积　8 000
　　未分配利润　12 000
　　商誉　9 680
　　贷：长期股权投资　50 000
　　　　少数股东权益　10 080

（4）完成甲公司 2×22 年度合并工作底稿：

按权益法对母公司财务报表项目进行调整：

①借：长期股权投资　[（7 000 -110 -1 000）×80%] 4 712
　　贷：投资收益　4 712

按公允价值对子公司财务报表项目进行调整：

②借：固定资产　900
　　无形资产　500
　　贷：资本公积　1 400
③借：管理费用　110
　　贷：固定资产　60
　　　　无形资产　50

抵销母公司长期股权投资与子公司所有者权益

④借：股本　20 000
　　资本公积　10 400
　　盈余公积　8 700
　　年末未分配利润　（12 000 +7 000 -110 -1 000 -700）17 190

商誉　　9 680
贷：长期股权投资　　(50 000 +4 712) 54 712
少数股东权益　　[10 080 + (7 000 − 110 − 1 000) ×20%] 11 258

抵销母公司投资收益与子公司利润分配项目：

⑤借：投资收益　　[(7 000 − 110) ×80%] 5 512
少数股东损益　　[(7 000 − 110) ×20%] 1 378
年初未分配利润　　12 000
贷：向股东分配利润　　1 000
提取盈余公积　　700
年末未分配利润　　17 190

合并工作底稿

2×22 年度　　单位：万元

项目	甲公司	乙公司	调整与抵销分录		合并数
			借	贷	
(利润表项目)					
一、营业收入	167 000	81 000			248 000
减：营业成本	103 130	58 000			161 130
管理费用	25 000	12 000	③110		37 110
财务费用	13 900	600			14 500
加：其他收益	0	120			120
投资收益	1 200	0	⑤5 512	①4 712	400
资产减值损失	1 020	900			1 920
资产处置收益（损失以“－”号填列）	350	0			350
二、营业利润	25 500	9 620			34 210
加：营业外收入	4 500	1 500			6 000
减：营业外支出	1 100	800			1 900
三、利润总额	28 900	10 320			38 310
减：所得税费用	10 200	3 320			13 520
四、净利润	18 700	7 000	5 622	4 712	24 790
其中：归属于母公司股东的净利润					23 412
少数股东损益			⑤1 378		1 378
(部分股东权益变动表项目)					
一、年初未分配利润	63 500	12 000	⑤12 000		63 500
二、本年增减变动金额					
1. 提取盈余公积	1 700	700		⑤700	1 700
2. 对股东的分配	2 500	1 000		⑤1 000	2 500

续表

项目	甲公司	乙公司	调整与抵销分录		合并数
			借	贷	
三、年末未分配利润	78 000	17 300	④17 190	⑤17 190	82 712
（资产负债表项目）					
货币资金	22 100	4 900			27 000
应收账款	20 900	12 600			33 500
存货	23 000	15 000			38 000
长期股权投资	76 000	0	①4 712	④54 712	26 000
固定资产	49 000	19 000	②900	③60	68 840
无形资产	18 400	13 000	②500	③50	31 850
商誉			④9 680		9 680
资产总计	209 400	64 500			234 870
负债：					
应付账款	3 200	4 000			7 200
应付职工薪酬	8 800	2 500			11 300
应交税费	4 400	3 000			7 400
负债合计	16 400	9 500			25 900
股东权益：					
股本	40 000	20 000	④20 000		40 000
资本公积	60 000	9 000	④10 400	②1 400	60 000
盈余公积	15 000	8 700	④8 700		15 000
未分配利润	78 000	17 300			82 712
归属于母公司股东权益合计	193 000	55 000			197 712
少数股东权益				④11 258	11 258
股东权益合计	193 000	55 000			208 970
负债和股东权益总计	209 400	64 500			234 870

（5）甲公司 2×23 年度合并工作底稿中的调整与抵销分录如下：

按权益法对母公司财务报表项目进行调整：

借：长期股权投资　　10 224

　　贷：投资收益　　[(8 500 − 110 − 1 500) ×80%] 5 512

　　　　年初未分配利润　　4 712

按公允价值对子公司财务报表项目进行调整：

借：固定资产　　900

　　无形资产　　500

　　贷：资本公积　　1 400

借：年初未分配利润　　110

　　贷：固定资产　　60

无形资产 50

借：管理费用 110

贷：固定资产 60

无形资产 50

抵销甲公司长期股权投资与乙公司所有者权益：

借：股本 20 000

资本公积 10 400

盈余公积 （8 000 + 700 + 850） 9 550

年末未分配利润 23 230

商誉 9 680

贷：长期股权投资

［50 000 + （7 000 − 110 − 1 000 + 8 500 − 110 − 1 500） × 80%］ 60 224

少数股东权益

［10 080 + （7 000 − 110 − 1 000 + 8 500 − 110 − 1 500） × 20%］ 12 636

抵销母公司投资收益与子公司利润分配项目：

借：投资收益 ［（8 500 − 110） × 80%］ 6 712

少数股东损益 ［（8 500 − 110） × 20%］ 1 678

年初未分配利润 （12 000 + 7 000 − 110 − 1 000 − 700） 17 190

贷：提取盈余公积 850

向股东分配利润 1 500

年末未分配利润 （17 190 + 8 500 − 110 − 1 500 − 850） 23 230

2. 答案及解析：

（1）甲公司对乙公司的合并为同一控制下企业合并。理由：甲公司与乙公司在合并前后均受同一方 P 最终控制。

（2）甲公司对乙公司长期股权投资的投资成本 = 49 000 × 80% = 39 200（万元）；甲公司取得乙公司 80% 股权时的会计分录为：

借：长期股权投资 39 200

贷：股本 2 000

资本公积 37 200

借：管理费用 10

资本公积 100

贷：银行存款 110

（3）甲公司 2 × 22 年度合并工作底稿中的调整与抵销分录如下：

按权益法对母公司财务报表项目进行调整：

借：长期股权投资 4 800

贷：投资收益 4 800

抵销甲公司长期股权投资与乙公司所有者权益：

借：股本 20 000

资本公积 9 000

　　盈余公积　　　　　　　　　　　　　8 700
　　年末未分配利润　　　　　　　　　17 300
　　贷：长期股权投资　　　　　　　　　　　44 000
　　　　少数股东权益　　　　　　　　　　　11 000

抵销母公司投资收益与子公司利润分配项目：

借：投资收益　　　　　　　　　　　　5 600
　　少数股东损益　　　　　　　　　　1 400
　　年初未分配利润　　　　　　　　12 000
　　贷：提取盈余公积　　　　　　　　　　　　700
　　　　向股东分配利润　　　　　　　　　　1 000
　　　　年末未分配利润　　　　　　　　　17 300

将子公司合并前实现的留存收益中归属于合并方的部分自资本公积转入留存收益：

借：资本公积　　　　　　　　　　　16 000
　　贷：盈余公积　　　　　　　　　　　　6 400
　　　　年初未分配利润　　　　　　　　　9 600

（4）甲公司 2 ×23 年度合并工作底稿中的调整与抵销分录如下：

按权益法对母公司财务报表项目进行调整：

借：长期股权投资　　　　　　　　　10 400
　　贷：投资收益　　　　　　　　　　　　5 600
　　　　年初未分配利润　　　　　　　　　4 800

抵销甲公司长期股权投资与乙公司所有者权益：

借：股本　　　　　　　　　　　　　20 000
　　资本公积　　　　　　　　　　　　9 000
　　盈余公积　　　　　　　　　　　　9 550
　　年末未分配利润　　　　　　　　23 450
　　贷：长期股权投资　　　　　　　　　　49 600
　　　　少数股东权益　　　　　　　　　　12 400

抵销母公司投资收益与子公司利润分配项目：

借：投资收益　　　　　　　　　　　　6 800
　　少数股东损益　　　　　　　　　　1 700
　　年初未分配利润　　　　　　　　17 300
　　贷：提取盈余公积　　　　　　　　　　　　850
　　　　向股东分配利润　　　　　　　　　　1 500
　　　　年末未分配利润　　　　　　　　　23 450

将子公司合并前实现的留存收益中归属于合并方的部分自资本公积转入留存收益：

借：资本公积　　　　　　　　　　　16 000
　　贷：盈余公积　　　　　　　　　　　　6 400
　　　　年初未分配利润　　　　　　　　　9 600

第四章

合并财务报表（下）

一、单项选择题答案及解析

1. D。当期发生了集团内部存货销售，且期末形成的存货中含有未实现损益，因此合并财务报表编制过程中需要调整存货、营业收入与营业成本；而该销售为内部顺销，不影响少数股东损益与少数股东权益，不需要调整这两个项目。

2. A。合并报表中内部交易成本资产的列示金额，应以集团视角的取得成本为基础进行计算，因此，2×23 年 12 月 31 日该无形资产的列示金额 = 200 − 200 × 2.5/5 = 100（万元）。

3. C。合并净利润来自母公司与子公司，不考虑相互间的投资收益及内部交易的损益，因此，合并净利润 = 2 000 + 500 − (1 200 − 1 000) × 50% = 2 400（万元）。

4. A。子公司之间出售资产所发生的未实现内部交易损益，应当按照母公司对出售方子公司的分配比例在"归属于母公司所有者的净利润"和"少数股东损益"之间分配抵销。所以选项 A 不正确。

5. B。考虑所得税时，需要确认被购买方可辨认资产与负债合并报表角度价值与计税基础不同而形成的递延所得税资产或递延所得税负债，具体地，商誉 = 1 550 − (900 + 100 − 100 × 25%) × 60% = 965（万元）。

6. A。该项交易的内部利润为 100 万元，随着固定资产的使用，2×23 年年末的未实现损益为 100 − 100/10/4 × 3 = 92.5（万元）；该金额也是固定资产期末合并报表中账面价值与计税基础间的差额，应当就此确认相关的递延所得税资产 = 92.5 × 25% = 23.125（万元），同时调整所得税费用；最终对合并净利润的影响是 − 92.5 + 23.125 = 69.375（万元）。

7. B。该项交易的内部利润为 800 万元，随着乙公司将其中一部分对外出售，期末存货中包含的内部交易未实现损益为 800 × 30% = 240（万元），因此，需要调减存货 240 万元。

8. B。合并利润表反映集团视角的报表项目，因此营业成本为集团视角出售的成本，即营业成本 = 700 × 40% = 280（万元）。

9. A。该项交易的内部利润为 50 万元，随着固定资产的使用，2×23 年应转回的未实现损益为 50/5 = 10（万元），因此，需要调增合并净利润 10 万元。

10. B。子公司向母公司出售商品形成期末未实现损益的，应当按母公司与少数股东的持股比例减少"归属于母公司所有者的净利润"和"少数股东损益"，因此，选项 A 影响少数股东损益；选项 C 中的母公司存货来自集团内部逆销，期初未实现损益实现时，应当增加少数股东损益；选项 D 与选项 A 道理相同。

11. B。该项交易的内部利润为480万元，随着固定资产的使用，2×23年年末的未实现损益为480－480/10/2＝456（万元）；该金额也是固定资产期末合并报表中账面价值与计税基础间的差额，应当就此确认相关的递延所得税资产456×25%＝114（万元），同时调整所得税费用；最终对合并净利润的影响是－456＋114＝342（万元）。因为该交易为逆销，因此，应按比例调减少数股东损益，即342×10%＝34.2（万元）。

12. C。内部固定资产交易应当于交易当年调整资产处置收益，交易后连续编制合并财务报表时不涉及该项目调整。

13. A。

14. B。2×23年度合并现金流量表中“销售商品、提供劳务收到的现金”项目＝2 000＋1 000－(200＋300)＝2 500（万元）。

15. C。此交易为因子公司少数股东增资导致母公司股权稀释业务，该业务没有导致控制权变化的，应按权益性交易处理。母公司应在合并财务报表中确认商誉＝6 000－5 000×70%＝2 500（万元）。母公司在增资前享有的子公司净资产份额＝2 500＋7 500×70%＝7 750（万元），按增资后母公司持股比例计算的子公司净资产份额＝2 500＋(7 500＋1 300)×60%＝7 780（万元），两者差额30万元应当计入资本公积。

二、判断题答案及解析

1. 不正确。集团内部逆销形成的未实现损益应按母公司与少数股东持股比例在“归属于母公司股东的净利润”与“少数股东损益”间进行分配抵销。

2. 不正确。根据我国企业会计准则，母公司购买日所确认商誉的账面价值与计税基础间的差异，不确认与其相关的递延所得税项目。

3. 正确。

4. 不正确。母公司购买子公司少数股东权益所支付对价高于子公司自购买日净资产公允价值持续计算的金额中相应份额的，差额应当计入资本公积。

5. 正确。

6. 正确。

7. 正确。

8. 正确。

9. 不正确。

10. 正确。

三、多项选择题答案及解析

1. ACD。抵销营业成本的金额为1 000万元。

2. ABD。2×23年，该内部交易形成的存货并未对外出售，因此，不需要确认内部交易损益的实现。

3. AD。合并资产负债表中列示的商誉＝1 000－900×80%＝280（万元）；合并资产负债表中列示的少数股东权益＝900×20%＋(200－100＋5)×20%＝201（万元）；合并利润表中列示的对子公司的投资收益为0万元；甲公司长期股权投资与乙公司所有者权益进行抵销时，长期股权投资为按权益法调整后的金额=1 000+(200-100+5)×80%=1 084（万元）。

4. ABCD。抵销管理费用=(1 000-880)/10×3/12=3（万元）；抵销固定资产=(1 000-880)-3=117（万元）；调增递延所得税资产=117×25%=29.25（万元）。

5. ABCD。

6. AB。2×22年少数股东损益=[300-(150-120)×40%]×20%=57.6（万元）；2×22年归属于母公司净利润=1 200+[300-(150-120)×40%]×80%=1 430.4（万元）；2×23年少数股东损益=[500+(150-120)×60%]×20%=103.6（万元）；2×23年归属于母公司净利润=1 500+[500+(150-120)×60%]×80%=1 914.4（万元）。

7. BD。抵销存货=(1 000-800)×30%=60（万元）；抵销营业成本940万元。

8. AD。对于购买日之前持有的股权投资采用权益法进行会计处理的，合并财务报表层面以原股权在购买日的公允价值与新增股权公允价值之和作为合并成本，选项A说法不正确；对于购买日之前持有的股权投资作为金融工具核算的，原股权已为公允价值，合并成本则为原股权账面价值与新增股权公允价值之和，选项B说法正确；对于购买日之前持有的股权投资采用权益法进行会计处理的，合并财务报表时需要对原股权的价值进行调整，差额计入投资收益，选项D说法不正确。

9. ACD。母公司购买子公司少数股东股权为权益性交易，母公司个别报表层面应按长期股权投资准则要求确认新购入股权的入账价值，在合并报表层面，所购股权应以合并日子公司可辨认净资产公允价值为基础进行计量，与新增长期股权投资间的差额调整资本公积。

10. ABC。当期发生内部交易但并不存在期末未实现损益的，期末编制合并财务报表时仍需要进行调整处理。

11. AD。当期内部逆销交易形成期末未实现损益的，应当按比例调减归属于母公司的净利润与少数股东损益，选项A不正确；虽然当期没有发生内部逆销交易，但由于期初或期末存在未实现损益的，编制合并财务报表时仍需要对相关项目进行调整，选项D不正确。

12. AB。

13. ACD。

14. BC。

15. ABCD。

四、综合题答案及解析

1. 答案及解析：

(1) 甲公司取得乙公司70%股权时的会计分录为：

借：长期股权投资	14 000	
累计摊销	3 000	
贷：银行存款		5 000
无形资产——土地使用权		8 000
资产处置损益		4 000

借：管理费用　500
　　贷：银行存款　500

（2）编制 2×22 年年末甲公司对其持有的乙公司股权核算时的会计分录：

借：银行存款　350
　　贷：投资收益　350

（3）甲公司 2×22 年度合并工作底稿中的调整与抵销分录如下：

按权益法对母公司财务报表项目进行调整：

借：长期股权投资　1 715
　　贷：投资收益　1 715

按公允价值对子公司财务报表项目进行调整：

借：固定资产　500
　　贷：资本公积　500

借：管理费用　50
　　贷：固定资产　50

抵销甲公司长期股权投资与乙公司所有者权益：

借：股本　4 000
　　资本公积　1 500
　　盈余公积　1 800
　　年末未分配利润　6 650
　　商誉　5 950
　　贷：长期股权投资　15 715
　　　　少数股东权益　4 185

抵销母公司投资收益与子公司利润分配项目：

借：投资收益　2 065
　　少数股东损益　885
　　年初未分配利润　4 500
　　贷：提取盈余公积　300
　　　　向投资者分配利润　500
　　　　年末未分配利润　6 650

与固定资产顺销相关的抵销分录：

借：资产处置收益　300
　　贷：固定资产　300

借：累计折旧　15
　　贷：管理费用　15

与存货逆销相关的抵销分录：

借：营业收入　400
　　贷：营业成本　400

借：营业成本　80
　　贷：存货　80

借：少数股东权益 24

　　贷：少数股东损益 24

(4) 甲公司2×23年度合并工作底稿中与集团内部销售相关的调整与抵销分录如下：

与固定资产顺销相关的抵销分录：

借：年初未分配利润 285

　　贷：固定资产 285

借：累计折旧 30

　　贷：管理费用 30

与存货逆销相关的抵销分录：

借：年初未分配利润 56

　　少数股东权益 24

　　贷：营业成本 80

借：少数股东损益 24

　　贷：少数股东权益 24

2. 答案及解析：

(1) 2×20年7月1日，甲公司取得乙公司30%股权时的会计分录：

借：长期股权投资 5 000

　　贷：银行存款 5 000

借：长期股权投资 400

　　贷：营业外收入 400

(2) 甲公司取得乙公司30%股权后采用权益法对该投资进行核算。

2×20年投资收益 = [(2 000 - 1 500) - 1 600/8/2] ×30% - [(300 - 180) - (300 - 180)/10/12] ×30% = 120 - 35.7 = 84.3（万元）。

借：长期股权投资——损益调整 84.3

　　贷：投资收益 84.3

(3) 2×23年1月1日，甲公司个别报表中将对乙公司的投资改为成本法核算时的投资成本 = 6 320 + 11 500 = 17 820（万元）。

(4) 2×23年1月1日，甲公司对乙公司进行企业合并的合并成本 = 8 000 + 11 500 = 19 500（万元）。

合并财务报表中的相关调整分录：

借：长期股权投资 1 680

　　贷：投资收益 1 680

3. 答案及解析：

(1) 2×22年1月1日，甲公司取得股权时的会计分录：

借：长期股权投资 20 500

　　累计摊销 2 800

　　贷：股本 1 500

　　　　资本公积 16 500

　　　　无形资产——土地使用权 4 500

　　　　资产处置损益　　　　　　　　　　　　　　　　　　　　　　　　　800

（2）甲公司 2×22 年度合并工作底稿中的调整与抵销分录如下：

按公允价值对子公司财务报表项目进行调整：

借：固定资产　800
　　递延所得税资产　25
　　贷：资本公积　525
　　　　应收账款　100
　　　　递延所得税负债　200

借：管理费用　80
　　应收账款　100
　　贷：固定资产　80
　　　　信用减值损失　100

借：递延所得税负债　20
　　所得税费用　5
　　贷：递延所得税资产　25

按权益法对母公司财务报表项目进行调整：

借：长期股权投资　756
　　贷：投资收益　[（830－80＋100－5）×80%]　676
　　　　其他综合收益　80

抵销甲公司长期股权投资与乙公司所有者权益：

借：股本　5 000
　　资本公积　（1 300＋525）1 825
　　盈余公积　480
　　年末未分配利润　（3 600＋830－80＋100－5－80）4 365
　　其他综合收益　100
　　商誉
　　　[20 500－（10 300＋800－800×25%－100＋100×25%）×80%]　11 840
　　贷：长期股权投资　21 256
　　　　少数股东权益　2 354

抵销母公司投资收益与子公司利润分配项目：

借：投资收益　676
　　少数股东损益　169
　　年初未分配利润　3 600
　　贷：提取盈余公积　80
　　　　年末未分配利润　4 365

与存货逆销相关的抵销分录：

借：营业收入　500
　　贷：营业成本　500

借：营业成本　40

贷：存货			40
借：递延所得税资产	（40×25%）	10	
贷：所得税费用			10
借：少数股东权益		6	
贷：少数股东损益			6

（3）2×23 年年末合并财务报表中的相关调整与抵销分录：

按公允价值对子公司财务报表项目进行调整：

借：固定资产		800	
递延所得税资产		25	
贷：资本公积			525
应收账款			100
递延所得税负债			200
借：应收账款		100	
递延所得税负债		20	
贷：递延所得税资产			25
固定资产			80
年初未分配利润			15
借：管理费用		80	
贷：固定资产			80
借：递延所得税负债		20	
贷：所得税费用			20

按权益法对母公司财务报表项目进行调整：

借：长期股权投资		756	
贷：年初未分配利润	[（830－80＋100－5）×80%]		676
其他综合收益			80
借：长期股权投资	[（400－80＋20－50）×80%]	232	
贷：投资收益			232

抵销甲公司长期股权投资与乙公司所有者权益：

借：股本		5 000	
资本公积		1 825	
盈余公积		520	
年末未分配利润	（4 365＋400－80＋20－40－50）	4 615	
其他综合收益		100	
商誉		11 840	
贷：长期股权投资			21 488
少数股东权益			2 412

抵销母公司投资收益与子公司利润分配项目：

借：投资收益		272	
少数股东损益		68	

年初未分配利润	4 365	
贷：提取盈余公积		40
向股东分配利润		50
年末未分配利润		4 615

与存货逆销相关的抵销分录：

借：年初未分配利润	32	
少数股东权益	8	
贷：营业成本		40
借：递延所得税资产	10	
贷：年初未分配利润		8
少数股东权益		2
借：所得税费用	10	
贷：递延所得税资产		10
借：少数股东损益	6	
贷：少数股东权益		6

4. 答案及解析：

（1）甲公司的会计分录：

借：银行存款	2 500	
贷：长期股权投资		2 000
投资收益		500

（2）甲公司2×23年12月31日编制合并财务报表时对该业务的抵销与调整分录：

借：投资收益	500	
贷：长期股权投资		（15 715/7 －2 000）245
资本公积		（2 500 －15 715/7）255

5. 答案及解析：

（1）初始投资成本＝2 000＋50＝2 050（万元）。

甲公司取得乙公司投资时的会计分录：

借：长期股权投资——投资成本	2 050	
贷：银行存款		2 050

（2）2×22年12月31日甲公司与持有乙公司投资相关的会计分录：

借：长期股权投资——损益调整	120	
——其他综合收益	45	
贷：投资收益		120
其他综合收益		45

（3）甲公司再次取得乙公司40%有表决权股份时的会计分录：

借：长期股权投资——投资成本	7 000	
贷：银行存款		7 000

（4）甲公司对乙公司的企业合并成本＝7 000＋2 500＝9 500（万元）。

商誉＝9 500－（11 100＋500）×55%＝3 120（万元）。

（5）合并财务报表中应调增原持有15%的股权的价值=2 500－（2 050＋120＋45）=285（万元）。

合并财务报表中的调整分录如下：

借：长期股权投资　　285

　　贷：投资收益　　285

6. 答案及解析：

（1）甲公司2×23年1月1日对乙公司进行企业合并的合并成本=3 000＋1 500=4 500（万元）。

合并财务报表中应当确认的商誉=4 500－（5 000＋900）×60%=960（万元）。

（2）甲公司2×23年1月1日取得乙公司60%有表决权股份的会计分录如下：

借：长期股权投资　　4 500

　　累计摊销　　400

　　贷：银行存款　　3 000

　　　　无形资产　　1 200

　　　　资产处置损益　　700

（3）甲公司2×23年12月31日再次取得乙公司10%有表决权股份后其个别财务报表中长期股权投资的账面价值=4 500＋600=5 100（万元）。

（4）甲公司2×23年12月31日所取得乙公司10%有表决权股份在合并财务报表中的价值=［（5 000＋700＋100－200）＋（900－900/30）］×10%=647（万元）。

（5）甲公司应将取得的长期股权投资成本（600万元）与按照新增持股比例计算应享有子公司自购买日开始持续计算的可辨认净资产份额（647万元）之间的差额（47万元）调增合并财务报表中的资本公积。

甲公司2×23年12月31日合并财务报表中与该10%股权投资相关的所有者权益调整分录如下：

借：长期股权投资　　47

　　贷：资本公积　　47

第五章

合伙企业会计

一、单项选择题答案及解析

1. D。合伙企业享有的伙权均在“合伙人资本”账户反映，不设置“未分配利润”账户；合伙企业的损益分配应由合伙人协商确定，分配比例不一定与出资比例相同；新合伙人入伙时投入资金与享有伙权不等时可以采用红利法与商誉法进行处理，红利法下不确认商誉。

2. C。

3. D。

4. B。

5. A。

6. D。

7. A。

8. A。红利法下不确认商誉，因此确认的资产为现金与固定资产，总金额为 17 000 元。

9. B。

二、判断题答案及解析

1. 正确。

2. 正确。

3. 正确。

4. 正确。

5. 不正确。合伙人从合伙企业取得报酬应视为合伙企业的收益分配。

6. 正确。

7. 正确。

8. 正确。

三、多项选择题答案及解析

1. ABCD。

2. BD。
3. BCD。
4. ABC。
5. ABCD。合伙企业损益分配方法应当在合伙协议中约定，具体方法较多。

四、综合题答案及解析

1. 答案及解析：

(1)

借：银行存款	30 000	
存货	10 000	
固定资产——房屋	40 000	
固定资产——设备	10 000	
无形资产——土地使用权	40 000	
贷：合伙人资本——甲		70 000
合伙人资本——乙		60 000

(2) 红利法：

借：银行存款	30 000	
存货	10 000	
固定资产——房屋	40 000	
固定资产——设备	10 000	
无形资产——土地使用权	40 000	
贷：合伙人资本——甲		65 000
合伙人资本——乙		65 000

商誉法：

借：银行存款	30 000	
存货	10 000	
固定资产——房屋	40 000	
固定资产——设备	10 000	
无形资产——土地使用权	40 000	
商誉	10 000	
贷：合伙人资本——甲		70 000
合伙人资本——乙		70 000

2. 答案及解析：

(1) 丙现金出资等于其获得的伙权，会计分录如下：

借：银行存款	50 000	
贷：合伙人资本——丙		50 000

(2) 丙现金出资小于其获得的伙权，会计分录如下：

红利法：

借：银行存款	80 000	

贷：合伙人资本——丙 80 000

借：合伙人资本——甲 6 000

——乙 4 000

贷：合伙人资本——丙 10 000

商誉法：

借：银行存款 80 000

商誉 20 000

贷：合伙人资本——丙 100 000

3. 答案及解析：

借：合伙人资本——甲 3 125

——乙 15 000

——丙 1 875

贷：库存现金 20 000

4. 答案及解析：

处理资产变现及其中的损失，会计分录如下：

借：现金 38 500

清算损益 11 500

贷：应收账款 15 000

存货 15 000

固定资产 20 000

将清算损益结转至合伙人资本，会计分录如下：

借：合伙人资本——甲 6 900

——乙 4 600

贷：清算损益 11 500

清偿债务，会计分录如下：

借：应付账款 25 000

贷：现金 25 000

清偿债务后，合伙企业仍余现金 18 500（5 000 + 38 500 − 25 000）元，按合伙人资本余额退款，会计分录如下：

借：合伙人资本——甲 5 600

——乙 12 900

贷：现金 18 500

5. 答案及解析：

（1）谨慎退款法：

①在进入清算时编制安全清偿表，计算第一期退款额。先假设所有非现金资产均为实际损失，并将该损失分配至合伙人资本。

安全清偿表

单位：元

项目	非现金资产	合伙人资本		
		甲	乙	丙
		680 000	680 000	400 000
非现金资产的可能损失	2 240 000	-1 120 000	-672 000	-448 000
余额		-440 000	80 000	-48 000

当日合伙企业现金应当全部用于债务清偿，没有富余现金向合伙人偿付。清算日清偿部分债务后的资产负债表如下表所示。

清算部分债务后资产负债表

单位：元

资产	余额	负债与合伙人资本	余额
现金	0	应付账款	80 000
应收账款	560 000	其他应付款	400 000
存货	800 000	合伙人资本	
固定资产	200 000	合伙人甲	680 000
无形资产	600 000	合伙人乙	680 000
商誉	80 000	合伙人丙	400 000
资产总计	2 240 000	负债与合伙人资本总计	2 240 000

②第一个月变现第一笔非现金资产发生损失 460 000 元，将该损失分配到合伙人资本账户后，三位合伙人甲、乙、丙的合伙人资本余额分别为 450 000（680 000 - 230 000）元、542 000（680 000 - 138 000）元与 308 000（400 000 - 92 000）元。编制当日安全清偿表如下表所示。

第一个月变现后安全清偿表

单位：元

项目	非现金资产	合伙人资本		
		甲	乙	丙
承担变现损失后余额		450 000	542 000	308 000
非现金资产的可能损失	1 360 000	-680 000	-408 000	-272 000
余额		-230 000	134 000	36 000
分配甲可能的损失		230 000	-138 000	-92 000
余额		0	-4 000	-56 000

第一个月变现后，仍无现金可分配。清偿债务后的资产负债表如下表所示。

第一月清偿后资产负债表

单位：元

资产	余额	负债与合伙人资本	余额
现金	0	应付账款	0
应收账款	560 000	其他应付款	60 000

续表

资产	余额	负债与合伙人资本	余额
存货	0	合伙人资本	
固定资产	200 000	合伙人甲	450 000
无形资产	600 000	合伙人乙	542 000
商誉	0	合伙人丙	308 000
资产总计	1 360 000	负债与合伙人资本总计	1 360 000

③第二个月变现非现金资产发生损失 40 000 元，将该损失分配到合伙人资本账户后，三位合伙人甲、乙、丙的合伙人资本余额分别为 430 000（450 000－20 000）元、530 000（542 000－12 000）元与 300 000（308 000－8 000）元。编制当日安全清偿表如下表所示。

安全清偿表

单位：元

项目	非现金资产	合伙人资本		
		甲	乙	丙
承担变现损失后余额		430 000	530 000	300 000
非现金资产的可能损失	1 200 000	－600 000	－360 000	－240 000
余额		－170 000	170 000	60 000
分配甲可能的损失		170 000	－102 000	－68 000
余额		0	68 000	－8 000
分配丙可能的损失		0	－8 000	8 000
余额		0	60 000	0

第二个月变现后，富余现金 60 000（120 000－60 000）元，应向乙支付。支付后的资产负债表如下表所示：

第二个月清偿后资产负债表

单位：元

资产	余额	负债与合伙人资本	余额
现金	0	应付账款	0
应收账款	560 000	其他应付款	0
存货	0	合伙人资本	
固定资产	40 000	合伙人甲	430 000
无形资产	600 000	合伙人乙	470 000
商誉	0	合伙人丙	300 000
资产总计	1 200 000	负债与合伙人资本总计	1 200 000

第三个月变现非现金资产发生损失 280 000 元，将该损失分配到合伙人资本账户后，三位合伙人甲、乙、丙的合伙人资本余额分别为 290 000（430 000－140 000）元、386 000（470 000－84 000）元与 244 000（300 000－56 000）元。收回现金应向三位合伙人支付。编制当日安全清偿表如下表所示：

安全清偿表

单位：元

项目	非现金资产	合伙人资本		
		甲	乙	丙
承担变现损失后余额		290 000	386 000	244 000
变现取得现金并分配	920 000	-290 000	-386 000	-244 000
余额		0	0	0

（2）现金预分计划法：

计算各合伙人承担清算损失的能力并从小到大排序：

合伙人清算损失承担能力表

单位：元

项目	合伙人资本	损益分配比例	可承担损失金额	承担损失能力排序
甲	680 000	50%	1 360 000	3
乙	680 000	30%	2 266 666	1
丙	400 000	20%	2 000 000	2

根据合伙人清算损失承担能力表编制合伙清算损失分担计划表：

合伙清算损失分担计划表

单位：元

项目	可承担的清算损失	合伙人资本（损益分配比例 5:3:2）		
		甲	乙	丙
清算前资本额		680 000	680 000	400 000
甲可承担的损失	1 360 000	-680 000	-408 000	-272 000
合计		0	272 000	128 000
丙可承担的损失	320 000		-192 000	-128 000
合计		0	80 000	0
乙可承担的损失	80 000		-80 000	
合计		0	0	0

根据合伙清算损失分担计划表，编制合伙清算现金预分计划表：

合伙清算现金预分计划表

单位：元

项目	现金分配比例			
现金分配次序及金额	负债	甲	乙	丙
（1）最初的 960 000 元	960 000			
（2）其次的 80 000 元			100%	
（3）再次的 320 000 元			60%	40%
（4）其余的现金		50%	30%	20%

由上表可知，清算现金应按如下顺序分配：

①合伙企业的现金中最初的 960 000 元用于偿债；

②其次的 80 000 元全部分配给合伙人乙；

③再次的 320 000 元按 3∶2 分配给合伙人乙与合伙人丙，至此，各合伙人的资本账户余额比例与损益分配比例取得一致；

④以后的收入则按资本比例进行分配。

根据 3 个月的清算情况，编制下表：

清算现金分配情况表

单位：元

项目	现金	债权人	甲	乙	丙
第一个月	900 000	900 000			
第二个月	120 000	60 000		60 000	
第三个月（1）	20 000			20 000	
第三个月（2）	320 000			192 000	128 000
第三个月（3）	580 000		290 000	174 000	116 000
合计	1 940 000	960 000	290 000	446 000	244 000

第六章

外币交易及外币报表折算

一、单项选择题答案及解析

1. B。

2. A。甲公司将欧元出售给银行，应当按照银行欧元买入价折算，因此折算差额为 -4[100×(7.41-7.45)] 万人民币元。

3. A。2×23 年 12 月 31 日，甲公司该批存货剩余部分成本为 732（200×6.1×60%）万元，可变现净值为 558（90×6.2）万元，因此，该批商品期末计价对甲公司利润总额的影响金额为 -174（558-732）万元。

4. A。选项 B 中，丙公司以港币购入的某香港公司的股票在个表中应以港币进行计量和列报；选项 C 中，甲公司收到境外投资者的英镑投资款，应按当日即期汇率折算，不产生折算差额；选项 D 中，甲公司在编制合并财务报表时，应当将折算差额计入其他综合收益。

5. A。2×23 年 12 月 5 日，甲公司持有的乙公司股票账面价值为 67 000（5 000×2×6.7）元，2×23 年 12 月 31 日，其公允价值为 67 200（5 000×2.1×6.4）元，对营业利润影响金额为 200 元。

6. B。选项 A 中甲公司应当按交易日汇率折算，选项 C 中借入的英镑与负债均以当日汇率折算，选项 D 中购入的原材料与应付欧元均以当日汇率折算，不产生折算差额，不影响损益。

7. C。2×23 年 12 月 31 日，6 台 W 设备的账面价值 =1 000×6×7.5 =45 000（人民币元），可变现净值 =800×6×7.0 =33 600（人民币元），应计提的存货跌价准备 =45 000 -33 600 =11 400（人民币元）。

8. B。甲公司应当将其所持乙公司股票公允价值变动计入其他综合收益，即 91 700 [(13.6×7.2 -12.5×7.1)×10 000] 人民币元，其持有股票期间收到的现金股利应当计入投资收益。

9. B。甲公司 2×23 年 12 月 31 日财务报表中应收账款美元金额为 50 000 美元，折算为人民币金额为 340 000（50 000×6.8）人民币元；银行存款为 4 000 美元，折算为人民币金额为 27 200（4 000×6.8）人民币元；固定资产账面价值为 40 500（6 000×6.75）人民币元，期末不需要根据汇率进行调整；甲公司利润表中应列示与该业务相关的财务费用为 -17 700（60 000×6.5 -10 000×6.7 -340 000 +10 000×6.7 -6 000×6.75 -27 200）人民币元。

10. A。甲公司股本应当采用历史汇率折算，盈余公积为各期提计金额折算后的累计数，财务费用采用平均汇率折算。

11. C。

12. B。

13. B。甲公司2×23年6月30日因该项借款产生的第二季度的汇兑收益为－101.5［1 000×(7.9－8)＋1 000×6%×3/12×(7.9－8)］万人民币元。

14. C。甲公司合并资产负债表中因外币报表折算“其他综合收益”项目应列示的金额为320.6［(2 500－1 150－892)×70%］万人民币元。少数股东应分担的部分并入少数股东权益列示于合并资产负债表。

15. D。乙公司资产负债表“盈余公积”项目的期末余额经折算后的金额为12 355（9 150＋500×6.41）万人民币元。

二、判断题答案及解析

1. 正确。

2. 不正确。

3. 不正确。外币交易采用两项交易观，汇兑差额应当计入财务费用。

4. 正确。

5. 不正确。资产负债表中所有者权益项目不能采用资产负债表日即期汇率折算。

6. 不正确。以成本与可变现净值孰低计量的存货，以公允价值计量的股票等外币非货币性资产，在确定期末金额时，应当考虑期末汇率的变动。

7. 正确。

8. 不正确。利润表中的折旧费用，应当按平均汇率折算。

9. 正确。

10. 正确。

三、多项选择题答案及解析

1. BC。

2. ABCD。

3. BD。甲公司应将乙公司财务报表的折算差额计入合并资产负债表中的其他综合收益；乙公司记账本位币为美元，其发生以美元计价与结算的业务时不需要进行折算，因此，选项A、C不正确。

4. ABCD。甲公司应按即期汇率将股利收入折算为人民币并将其计入投资收益；初始投资时，甲公司应将乙公司已宣告但未发放的股利收入计入应收股利；资产负债表日，甲公司应将该投资折算后的人民币金额与原人民币金额间的差额计入其他综合收益；处置该投资时，甲公司应将之前计入其他综合收益的相关利得或损失转入留存收益。

5. ACD。企业进行货币兑换时，由于汇率中间价与银行买入价或卖出价之间的差额，企业会承担汇兑损益，因此，选项B不正确。

6. AC。

7. ABC。企业接收外币投资时不会产生汇兑损益，选项 D 不正确。

8. AD。现行汇率法下，资产负债表中资产与负债项目均采用资产负债表日即期汇率折算，选项 C 不正确。

9. CD。

10. ACD。

11. BCD。

12. CD。甲公司应当采用现行汇率法折算子公司财务报表，对于选项 A 中的项目应当采用期末汇率折算，对于选项 B 中的项目应当根据各期折算累计数填列。

13. ACD。企业发生的以记账本位币以外的货币计价及结算的交易为外币交易，因此，选项 B 不是外币交易。

14. ABCD。

15. ACD。根据我国企业会计准则，外币报表折算时无形资产应当采用即期汇率进行折算。

四、综合题答案及解析

1. 答案及解析：

（1）3 月份与外币交易或事项相关的会计分录：

货币兑换：

借：银行存款	690	
财务费用	10	
贷：银行存款——美元户		700

购买原材料：

借：原材料	1 360	
贷：应付账款——美元户		1 360

销售商品：

借：应收账款——美元户	4 110	
贷：主营业务收入		4 110

收回应收账款：

借：银行存款——美元户	2 025	
贷：应收账款——美元户		2 025

购入 H 公司股票：

借：交易性金融资产——H 公司股票	68	
贷：银行存款——美元户		68

（2）2×23 年 3 月 31 日外币账户发生的汇兑差额：

银行存款（美元户）：990×6.7－6 872＝－239（万人民币元）

应收账款（美元户）：700×6.7－4 840＝－150（万人民币元）

应付账款（美元户）：4 160－600×6.7＝140（万人民币元）

汇兑差额 = －239 －150 +140 = －249（万人民币元）

借：应付账款——美元户 140

　　财务费用 249

　　贷：银行存款——美元户 239

　　　　应收账款——美元户 150

（3）2×23 年 3 月 31 日，交易性金融资产应确认的公允价值变动损益 =11×6.7 －10×6.8 =5.7（万人民币元）。

借：交易性金融资产——H 公司股票 5.7

　　贷：公允价值变动损益 5.7

2. 答案及解析：

2×23 年 1 月 1 日，借款时：

借：银行存款——美元户 339 000

　　贷：短期借款——本金 339 000

2×23 年 6 月 30 日，计提利息时：

借：财务费用 [（$50 000×6%×6/12）×6.85] 10 275

　　贷：短期借款——应计利息 10 275

借：财务费用 [$50 000×(6.85 －6.78)] 3 500

　　贷：短期借款——本金 3 500

2×23 年 12 月 31 日，偿还本息时：

借：短期借款——本金 342 500

　　财务费用 12 925

　　短期借款——应计利息 10 275

　　贷：银行存款——美元户 365 700

3. 答案及解析：

2×23 年 6 月 8 日，甲公司购入股票时：

借：交易性金融资产——B 股 545 600

　　贷：银行存款——美元 545 600

2×23 年 6 月 30 日，甲公司重新计量交易性金融资产：

公允价值变动损益 =3.5×20 000×6.83 －545 600 = －67 500（元）。

借：公允价值变动损益 67 500

　　贷：交易性金融资产——公允价值变动 67 500

4. 答案及解析：

（1）该设备的入账价值 =700×6.35 =4 445（万元），2×23 年 12 月 31 日累计折旧 =4 445/10×0.5 =222.25（万元），计提减值准备前该固定资产的账面价值 =4 445 －222.25 =4 222.75（万元）。

（2）2×23 年 12 月 31 日，公允价值－处置费用 =545 －25 =520（万美元），预计未来现金流量的现值为 505 万美元，因此其可收回金额为 520 万美元，人民币金额为 3 380（520×6.5）万元。

（3）甲公司 2×23 年 12 月 31 日应对该设备计提的减值准备金额 =4 222.75 －3 380 =

842.75（万元）。

5. 答案及解析：

资产负债表

2×23年12月31日　　　　单位：万元

资产	期末数($)	汇率	期末数(¥)	负债和股东权益	期末数($)	汇率	期末数(¥)
流动资产：				流动负债：			
货币资金	400	6.7	2 680	短期借款	200	6.7	1 340
应收账款	400	6.7	2 680	应付账款	100	6.7	670
存货	1 200	6.7	8 040	其他流动负债	600	6.7	4 020
其他流动资产	100	6.7	670	流动负债合计	900		6 030
流动资产合计	2 100		14 070	非流动负债：			
非流动资产：				长期借款	500	6.7	3 350
长期应收款	500	6.7	3 350	应付债券	1 100	6.7	7 370
固定资产	2 300	6.7	15 410	其他非流动负债	700	6.7	4 690
在建工程	400	6.7	2 680	非流动负债合计	2 300		15 410
无形资产	1 500	6.7	10 050	负债合计	3 200		21 440
其他非流动资产	800	6.7	5 360	股东权益：			
非流动资产合计	5 500		36 850	股本	2 600	6.8	17 680
				盈余公积	600		3 890
				未分配利润	1 200		11 892
				外币报表折算差额			-3 982
				股东权益合计	4 400		29 480
资产总计	7 600		50 920	负债和股东权益总计	7 600		50 920

利润表

2×23年度　　　　单位：万元

项目	期末数（$）	汇率	期末数（¥）
一、营业收入	30 000	6.6	198 000
减：营业成本	24 500	6.6	161 700
税金及附加	500	6.6	3 300
管理费用	400	6.6	2 640
财务费用	200	6.6	1 320
销售费用	600	6.6	3 960
加：投资收益	300	6.6	1 980
二、营业利润	4 100		27 060
加：营业外收入	200	6.6	1 320
减：营业外支出	1 500	6.6	9 900
三、利润总额	2 800		18 480

续表

项目	期末数（$）	汇率	期末数（¥）
减：所得税费用	700	6.6	4 620
四、净利润	2 100		13 860
加：年初未分配利润	100		672
五、可供分配的利润	2 200		14 532
减：提取盈余公积	400	6.6	2 640
六、年末未分配利润	1 800		11 892

第七章

衍生金融工具会计

一、单项选择题答案及解析

1. B。
2. D。
3. D。
4. A。对极可能发生的预期交易应分类为现金流量套期。
5. B。企业的签出期权（除非该签出期权指定用于抵销购入期权）不能作为套期工具，因为该期权的潜在损失可能大大超过被套期项目的潜在利得，从而不能有效地对冲被套期项目的风险。
6. D。套期工具产生的利得或损失中属于无效套期的部分（即扣除计入其他综合收益后的其他利得或损失），应当计入当期损益。
7. D。
8. A。对确定承诺的外汇风险进行的套期，企业可以作为公允价值或现金流量套期处理。
9. A。甲公司对该M金属存货的公允价值变动进行套期，经过套期，该被套期项目出售前的账面价值 = 2 150 - 65 + 20 = 2 105（万元），出售该被套期项目形成的损益 = 2 135 - 2 105 = 30（万元）。从套期业务角度来看，甲公司通过有效的套期将M金属存货在2×23年1月1日的毛利（公允价值与账面价值之差）锁定，于出售时确认，因此，该业务的损益为30万元。
10. A。其他各项均为公允价值套期。
11. C。甲公司套期后，销售商品时确认的主营业务成本为710万元，选项A与选项B不正确。套期工具公允价值变动应计入“套期损益”科目，选项D不正确。
12. C。
13. C。该业务属于对极可能发生的预期交易进行套期，应当作为现金流量套期处理。
14. B。
15. A。

二、判断题答案及解析

1. 不正确。企业持有衍生金融工具的目的为投机获利的，应当以公允价值对其进行计量，将公允价值的变动计入当期损益。

2. 不正确。对确定承诺的外汇风险进行的套期，企业可以作为公允价值或现金流量套期处理。

3. 正确。

4. 正确。

5. 正确。

6. 不正确。已确认被套期项目未以公允价值计量的，应当调整其账面价值。

7. 不正确。套期关系指定后，尚未确认的确定承诺会因为套期风险引起的公允价值累计变动额而被确认为一项资产或负债。

8. 正确。

9. 正确。

10. 正确。

三、多项选择题答案及解析

1. ABD。

2. ACD。

3. ACD。

4. ACD。选项 A，对企业承担的固定利率负债的利率风险引起的公允价值变动风险进行套期，属于公允价值套期；选项 B，对企业承担的浮动利率负债的利率风险引起的现金流量变动风险进行套期，属于现金流量套期；选项 C，对尚未确认的确定承诺进行套期，属于公允价值套期；选项 D，对现有存货价格变动风险进行套期，属于公允价值套期。

5. ABD。

6. BCD。

7. AD。选项 B，不涉及有效套期和无效套期；选项 C，现金流量套期，是指对现金流量变动风险敞口进行的套期。

8. ABD。选项 A 属于已确认资产，选项 B 和选项 D 属于尚未确认的确定承诺，均可指定为被套期项目。选项 C 不是极可能发生的预期交易，不可指定为被套期项目。

四、综合题答案及解析

1. 答案及解析：

该业务为对极可能发生的预期交易进行套期，属于现金流量套期。甲公司的账务处理如下：

2×23 年 1 月 1 日，商品期货公允价值为 0，不需要确认预期交易，不需要编制会计分录。

2×23 年 1 月 31 日：

借：套期工具——商品期货合同 Y　　2.5

　　贷：其他综合收益——套期储备　　2.5

2×23 年 2 月 28 日：

借：套期工具——商品期货合同 Y 2

贷：其他综合收益——套期储备 2

借：应收账款（或银行存款） （140－4.5）135.5

贷：主营业务收入 135.5

借：银行存款 4.5

贷：套期工具——商品期货合同 Y 4.5

借：其他综合收益——套期储备 4.5

贷：主营业务收入 4.5

2. 答案及解析：

被套期项目：以公允价值计量且其变动计入其他综合收益的其他权益工具投资

套期工具：股票远期合同

会计分录如下：

2×21 年 1 月 1 日，购入乙公司股票：

借：其他权益工具投资 2 000

贷：银行存款 2 000

2×21 年 12 月 31 日，确认乙公司股票的公允价值变动：

借：其他权益工具投资 600

贷：其他综合收益——公允价值变动 600

将非交易性权益工具投资指定为被套期项目：

借：被套期项目——其他权益工具投资 2 600

贷：其他权益工具投资 2 600

远期合同的公允价值为 0，无须进行会计处理。

2×22 年 12 月 31 日，确认套期工具公允价值变动：

借：套期工具——远期合同 200

贷：其他综合收益——套期损益 200

确认被套期项目公允价值变动：

借：其他综合收益——套期损益 200

贷：被套期项目——其他权益工具投资 200

2×23 年 12 月 31 日，确认套期工具公允价值变动：

借：套期工具——远期合同 100

贷：其他综合收益——套期损益 100

确认被套期项目公允价值变动：

借：其他综合收益——套期损益 100

贷：被套期项目——其他权益工具投资 100

结算远期合同：

借：银行存款 300

贷：套期工具——远期合同 300

出售乙公司股票：

借：银行存款　　2 300
　　贷：被套期项目——其他权益工具投资　　2 300

将计入其他综合收益的公允价值变动转出，计入留存收益：

借：其他综合收益——公允价值变动　　600
　　贷：利润分配——未分配利润　　600

3. 答案及解析：

（1）存货小麦与同类小麦远期合同存在经济关系，且经济关系产生的价值变动中信用风险不占主导地位，套期比率也反映了套期的实际数量，符合套期有效性要求。

（2）2×23 年 1 月 1 日，建立套期关系时的会计分录：

借：被套期项目——小麦　　1 000
　　贷：库存商品——小麦　　1 000

当天，被指定为套期工具的同类小麦的远期合同的公允价值为 0，不进行会计处理。

2×23 年 4 月 1 日，确认套期工具和被套期项目公允价值变动的会计分录：

借：套期工具——远期合同　　80
　　贷：套期损益　　80

借：套期损益　　75
　　贷：被套期项目——小麦　　75

销售存货小麦和结算同类小麦远期合同的会计分录：

借：银行存款　　1 025
　　贷：主营业务收入　　1 025

借：主营业务成本　　925
　　贷：被套期项目——小麦　　925

借：银行存款　　80
　　贷：套期工具——远期合同　　80

第八章

租赁会计

一、单项选择题答案及解析

1. C。存在一定期间为必须满足的条件之一，此处的“一定期间”也可以表述为已识别资产的使用量，因此选项 C 不正确。

2. A。租赁期开始日后，发生承租人可控范围内的重大事件或变化，需对各种选择权进行重新评估，并根据重新评估结果修改租赁期。如果不可撤销的租赁期间发生变化，企业应当修改租赁期，因此选项 A 不正确。

3. A。承租人在租赁开始时支付的租金应计入使用权资产，因此选项 A 不正确。

4. A。短期租赁指在租赁期开始日租赁期不超过 12 个月的租赁，但包含购买选择权的租赁不属于短期租赁；当承租人拥有续租选择权且能合理确定将行使该选择权致使租赁期超过 12 个月的，也不属于短期租赁。所以选项 B、C、D 不属于短期租赁。

5. C。甲公司应确认的租赁负债 = 360 000 ×（P/F，4%，1）+ 340 000 ×（P/F，4%，2）+ 260 000 ×（P/F，4%，3）= 360 000 × 0.9615 + 340 000 × 0.9246 + 260 000 × 0.8890 = 891 644（元）。

6. C。甲公司对该租出大型设备确认的租赁收款额 = 6 × 8 + 7 + 3 = 58（万元）。

7. D。甲公司应确认的使用权资产 = 40 ×（P/A，7%，3）+ 2 ×（P/F，7%、3）= 40 × 2.6243 + 2 × 0.8163 = 106.6046（万元），每年应计提的折旧 = 106.6046/3 = 35.53（万元）。

8. B。出租人在经营租赁中发生的初始直接费用应计入租赁标的资产的成本，在租赁期内按照与租金收入相同的确认基础分期计入当期损益。

9. C。

10. C。甲公司在租赁期开始日应当确认的租赁收款额 = 50 × 8 + 20 + 30 + 10 = 460（万元）。

11. D。

12. C。在第 3 年年末，甲公司重新计量租赁负债以涵盖购买选择权的行权价格，并采用修订后的折现率 6% 进行折现。重新计量后的租赁负债（支付前 3 年的付款额后）为 50 908元，即 50 908 = 20 000 ×（P/F，6%，1）+（20 000 + 8 000）×（P/F，6%，2）；因此，应该调增租赁负债的账面价值 = 50 908 − 37 188 = 13 720（元）。

13. B。在租赁期开始日，甲公司该担保余值下预计应付的金额为 10 000（80 000 − 70 000）；第一年年末，甲公司应将该担保余值下预计应付的金额 30 000（80 000 − 50 000）

元纳入租赁付款额，并将其使用不变的折现率进行折现以重新计量租赁负债。

14. C。在第1年年末，甲公司向乙公司支付第一年的租赁付款额45 000元，其中，13 104（260 000×5.04%）元是当年的利息，计入财务费用；甲公司第1年年末应支付的可变租赁付款额为2 200（110 000×2%）元，在实际发生时计入当期损益（销售费用等）。因此，该租赁业务减少当期损益的金额为15 304万元。

15. D。甲公司的租赁投资净额＝专利权公允价值＋初始直接费用＝350＋5＝355（万元）；应收融资租赁款＝租赁收款额＋未担保余值＝（78×5＋20＋10）＋20＝420＋20＝440（万元）。未实现融资收益＝440－355＝85（万元）。

二、判断题答案及解析

1. 不正确。若租赁合同包含非租赁成分，出租人必须分拆合同包含的租赁和非租赁部分。

2. 正确。

3. 正确。

4. 不正确。承租人应计入租赁付款额的金额应当是根据其提供的担保余值预计应支付的款项。

5. 正确。

6. 不正确。承租人因实质固定付款额发生变动而对租赁负债进行重新计量的，采用的折现率为租赁期开始日确定的折现率。

7. 正确。

8. 正确。

9. 不正确。经营租赁的出租人应采用直线法或其他系统合理的方法将经营租赁的租赁收款额确认为租金收入。

10. 不正确。售后租回交易中的资产转让属于销售的，卖方获得的对价中包含向买方转移权利而收取的对价，以及未来租赁行为应支付的对价。

三、多项选择题答案及解析

1. AD。

2. AD。承租人可根据每项租赁的具体情况对低价值租赁作出简化会计处理的选择；低价值资产租赁的标准应当是一个绝对金额，即仅与资产全新状态下的绝对价值有关，不受承租人规模、性质等影响。因此选项B与选项C不正确。

3. BD。承租人的使用权资产应当按成本进行初始计量。具体包括租赁负债初始计量金额、租赁期开始日或之前支付的租赁付款额、承租人的初始直接费用及复原成本等。

4. AD。承租方的初始直接费用应当计入使用权资产，而出租方给予的租赁激励从承租人需支付的固定付款额及实质固定付款额中扣除。

5. BCD。存在免租期的，出租人应将租金总额在不扣除免租期的整个租赁期内，按直线法或其他合理的方法进行分配，免租期内应当确认租金收入。选项A不正确。

6. AD。承租人发生的佣金中介费在发生时计入当期损益，承租人将租赁资产恢复至租赁条款约定状态预计将发生的成本不构成出租人的融资租赁款，而应当计入使用权资产。选项 B、C 不正确。

7. CD。出租人替承租人承担的费用属于租赁激励，应从承租人需支付的固定付款额及实质固定付款额中扣除，选项 B 不正确。

8. BCD。出租人的未担保余值不计入租赁收款额，应作为应收融资租赁款确认为一项资产，因此选项 B 不正确。出租人应当计入租赁收款额中的担保余值为 1 775 万元，选项 C 不正确。资产负债表中列示的与租赁相关的长期应收款是折现后的金额，选项 D 不正确。

9. CD。融资租赁出租人应将发生的初始直接费用包括在租赁投资净额中，而不是费用化，选项 A 不正确。融资租赁出租人租赁期开始日终止确认融资租赁资产时，应将融资租赁资产账面价值与公允价值之间的差额确认为资产处置损益，选项 B 不正确。

10. AB。转租赁的出租人将转租赁按融资租赁处理的，转租出租人作为原租赁的承租人，不应终止确认原租赁的租赁负债，应继续确认原租赁的利息费用，同时确认转租赁的融资收益，选项 A、B 正确，选项 D 不正确；其需终止确认的是与原租赁相关且转给转租赁承租人的使用权资产，选项 C 不正确。

11. CD。生产商或经销商出租人应按租赁资产账面价值扣除未担保余值的现值后的余额结转销售成本，因此，选项 A 不正确；生产商或经销商出租人在租赁期开始日应当按照租赁资产公允价值与租赁收款额按市场利率折现的现值两者孰低确认收入，选项 B 不正确。

12. ACD。租赁期开始日计算租赁负债现值时承租人应当采用租赁内含利率作为折现率，无法确定租赁内含利率的，应当采用承租人增量借款利率作为折现率，选项 B 不正确。

13. AD。承租人在租赁期开始日后采用实际利率法对租赁负债进行后续计量，每期摊销的未确认融资费用受租赁负债期初账面价值与折现率影响。

14. BC。生产商出租人在租赁期开始日应当确认收入，金额为租赁资产公允价值与租赁收款额按市场利率折现的现值中的低者即 107 万元，结转的销售成本为租赁资产账面价值扣除未担保余值的现值后的余额即 87（90－3）万元，为取得融资租赁发生的成本 1 万元与销售有关，应当在租赁期开始日将其计入损益，因此，租赁租赁期开始日该项租赁的营业利润额为 19 万元。

15. ACD。使用权资产所提减值准备不得转回，选项 B 不正确。

四、综合题答案及解析

1. 答案及解析：

（1）2×21 年 1 月 1 日，租赁期开始日的会计处理有关计算如下：

租赁付款额＝100 000×9＝900 000（元）

租赁负债＝100 000×（P/A，5%，9）＝710 780（元）

未确认融资费用＝900 000－710 780＝189 220（元）

使用权资产＝100 000＋710 780＋40 000－10 000＝840 780（元）

确认租赁负债与使用权资产的会计分录：

借：使用权资产　850 780
　　租赁负债——未确认融资费用　189 220
　　贷：租赁负债——租赁付款额　900 000
　　　　银行存款　140 000

收到租赁激励返还时的会计分录：

借：银行存款　10 000
　　贷：使用权资产　10 000

（2）2×21 年年末确认财务费用 = 710 780 × 5% = 35 539（元）

计提使用权资产累计折旧 = 840 780/10 = 84 078（元）

相关会计分录为：

借：财务费用　35 539
　　贷：租赁负债——未确认融资费用　35 539
借：销售费用　84 078
　　贷：使用权资产累计折旧　84 078

2×22 年年初支付租金的会计分录：

借：租赁负债——租赁付款额　100 000
　　贷：银行存款　100 000

2×22 年年末确认财务费用 = [710 780 - (100 000 - 35 539)] × 5% = 32 315.95（元）

借：财务费用　32 315.95
　　贷：租赁负债——未确认融资费用　32 315.95
借：销售费用　84 078
　　贷：使用权资产累计折旧　84 078

支付可变租赁付款额时的会计分录：

借：销售费用　22 000
　　贷：银行存款　22 000

（3）2×23 年年初甲公司支付租金的会计分录：

借：租赁负债——租赁付款额　100 000
　　贷：银行存款　100 000

支付租金后租赁负债的余额 = 710 780 - 100 000 + 35 539 - 100 000 + 32 315.95 = 578 634.95（元）

2. 答案及解析：

甲公司有权在 4 年内使用生产设备。已识别的资产为全新生产设备，甲公司实质上有权获得 4 年内使用生产设备而产生的全部经济利益，故此合同为租赁。

租赁付款额 = 各期固定租金之和 + 租赁期满优惠购置款 = 2 000 000 + 1 500 000 + 1 500 000 + 200 000 = 5 200 000（元）

租赁付款额的现值 = 2 000 000 × (P/F, 6%, 1) + 1 500 000 × (P/F, 6%, 2) + 1 500 000 × (P/F, 6%, 3) + 200 000 × (P/F, 6%, 4) = 2 000 000 × 0.9434 + 1 500 000 × 0.8900 + 1 500 000 × 0.8396 + 200 000 × 0.7921 = 4 639 620（元）

未确认融资费用 = 5 200 000 - 4 639 620 = 560 380（元）

2×22 年 12 月 31 日会计处理：

借：使用权资产　4 639 620

　　租赁负债——未确认融资费用　560 380

　　贷：租赁负债——租赁付款额　5 200 000

租赁利息费用计算表

项目	租赁负债年初额	利息	租赁付款额	租赁负债年末金额
2×22. 12. 31				4 639 620
2×23. 12. 31	4 639 620	278 377. 20	2 000 000	2 917 997. 20
2×24. 12. 31	2 917 997. 2	175 079. 83	1 500 000	1 593 077. 03
2×25. 12. 31	1 593 077. 03	95 584. 62	1 500 000	188 661. 65
2×26. 12. 31	188 661. 65	11 338. 35	200 000	0
合计		560 380	5 200 000	

2×23 年 12 月 31 日会计处理：

借：租赁负债——租赁付款额　2 000 000

　　贷：银行存款　2 000 000

借：财务费用　278 377. 20

　　贷：租赁负债——未确认融资费用　278 377. 20

借：制造费用　（4 639 620/7）662 802. 90

　　贷：使用权资产累计折旧　662 802. 90

3. 答案及解析：

甲公司为出租方，首先应当判断租赁类型。判断租赁类型：没有满足融资租赁的任何一项标准，应作为经营租赁处理。

账务处理：

（1）2×21 年 1 月 1 日预收租金时：

借：银行存款　150 000

　　贷：预收账款　150 000

（2）2×21 年 12 月 31 日，应确认的租赁收入 = 租金总额 ÷ 租期 = 750 000 ÷ 3 = 250 000（元）

收租金时：

借：银行存款　150 000

　　预收账款　100 000

　　贷：租赁收入　250 000

（3）2×22 年 12 月 31 日收租金时：

借：银行存款　200 000

　　预收账款　50 000

　　贷：租赁收入　250 000

（4）2×23 年 12 月 31 日收租金时：

借：银行存款　　250 000

　贷：租赁收入　　250 000

4. 答案及解析：

第一步：判断租赁类型

A 大型货车的租赁期与其预计剩余使用寿命一致，且租赁收款额的现值为 238 852 元，约为 A 大型货车公允价值（250 000 元）的 95.5%，综合其他因素，甲公司认为与 A 大型货车所有权有关的几乎所有风险和报酬已实质转移给乙公司，所以将该租赁认定为融资租赁。

第二步：确定销售收入

租赁收款额按市场利率折现的现值 = 40 000 × (P/A，7%，8) = 238 852（元）；租赁期开始日，按照租赁资产公允价值（250 000 元）与租赁收款额按市场利率折现的现值两者孰低的原则，确认销售收入为 238 852 元。

第三步：确定销售成本

未担保余值的现值 = 2 000 × (P/F，7%，8) = 1 164（元）

租赁期开始日，按照租赁资产账面价值（210 000 元）扣除未担保余值的现值后的余额，确认销售成本为 208 836（210 000 − 1 164）元。

项目	应收租赁款净额	融资收入	租赁收款额	应收租赁款减少额
2×22. 1. 1	240 016			
2×22. 12. 31	216 817. 12	16 801. 12	40 000	23 198. 88
2×23. 12. 31	191 994. 32	15 177. 20	40 000	24 822. 80
2×24. 12. 31	165 433. 92	13 439. 60	40 000	26 560. 40
2×25. 12. 31	137 014. 30	11 580. 37	40 000	28 419. 63
2×26. 12. 31	106 605. 30	9 591	40 000	30 409
2×27. 12. 31	740 67. 67	7462. 37	40 000	32 537. 63
2×28. 12. 31	39 252. 40	5 184. 74	40 000	34 815. 26
2×29. 12. 31	2 000	2 747. 60	40 000	37 252. 40
合计		81 984	320 000	

甲公司 2×22 年 1 月 1 日的会计分录：

借：应收融资租赁款——租赁收款额　　（40 000 × 8）320 000

　贷：主营业收入　　238 852

　　应收融资租赁款——未实现融资收益　　81 148

借：主营业务成本　　208 836

　应收融资租赁款——未担保余值　　2 000

　贷：库存商品　　210 000

　　应收融资租赁款——未实现融资收益　　836

甲公司 2×22 年 12 月 31 日的会计分录：

借：应收融资租赁款——未实现融资收益 16 801.12
　　贷：租赁收入 16 801.12
借：银行存款 40 000
　　贷：应收融资租赁款——租赁收款额 40 000
甲公司2×29年12月31日的会计分录：
借：应收融资租赁款——未实现融资收益 2 747.60
　　贷：租赁收入 2 747.60
借：银行存款 40 000
　　贷：应收融资租赁款——租赁收款额 40 000
借：融资租赁资产 2 000
　　贷：应收融资租赁款——未担保余值 2 000

5. 答案及解析：

甲公司按标的资产公允价值确认转移给乙公司权利相对应的销售收入。超额售价500（5 500－5 000）万元作为乙公司向甲公司提供的额外融资进行确认。

年付款额的现值＝1 200×(P/A，5%，5)＝5 195.4（万元），其中500万元与额外融资相关，4 695.4（5 195.4－500）万元与租赁相关。分别对应的年付款额为115.49（1 200×500/5 195.4）万元与1 084.51（1 200－1 200×500/5 195.4）万元。

甲公司在租赁期开始日的会计处理：

（1）按与租回获得的使用权部分占标的资产原账面金额的比例计算售后租回所形成的使用权资产。

使用权资产＝资产原账面金额×与租赁相关的租赁付款额现值/资产公允价值＝(6 500－2 000)×(4 695.4/5 000)＝4 225.86（万元）

（2）与转让资产权利相关的利得：

出售资产全部利得＝5 000－(6 500－2 000)＝500（万元）

与使用权相关的利得＝500×(4 695.4/5 000)＝469.54（万元）

与转让至乙公司的权利相关的利得＝500－500×(4 695.4/5 000)＝30.46（万元）

（3）会计分录：

与额外融资相关：
借：银行存款 500
　　贷：长期应付款 500
与租赁相关：
借：银行存款 5 000
　　使用权资产 4 225.86
　　累计折旧 2 000
　　租赁负债——未确认融资费用 （5 422.55－4 695.4）727.15
　　贷：固定资产——原值 6 500
　　　　租赁负债——租赁付款额 （1 084.51×5）5 422.55
　　　　资产处置损益 30.46

甲公司2×23年12月31日会计处理：

（1）结算额外融资形成的负债：

借：长期应付款	90.49	
财务费用	（500×5%）25	
贷：银行存款		115.49

（2）与租赁相关：

借：租赁负债——租赁付款额	1 084.51	
财务费用	（4 695.4×5%）234.77	
贷：银行存款		1 084.51
租赁负债——未确认融资费用		234.77

第九章

上市公司信息披露

思考题参考答案

1. 公司在不同行业的经营信息对投资者有何帮助？

公司在不同行业的经营信息对投资者而言具有重要参考价值，为其提供更全面的投资决策依据。投资者可以通过公司披露的经营信息，了解其所处行业的特征、发展趋势等，更准确地评估公司的财务表现，识别公司在行业中的竞争优势，可能面临的政策风险、市场风险、技术风险或潜在挑战，从而帮助投资者更为精准地评估公司的经营风险，作出更为明智的投资决策。

2. 一家公司有 10 个行业分部，其中最大的 5 个占到公司总收入的 80%。在决定需单独报告的分部数量时，需要考虑哪些重要因素？其余分部应该如何报告？

根据适用的会计准则中关于分部报告的规定，达到收入、利润、资产或其他关键财务指标一定门槛时相应分部必须单独报告。单独报告的分部信息有助于管理层更准确地评估各业务单元的效率、盈利能力和战略价值，从而作出合理的资源分配决策，增加透明度，满足投资者信息需求，但单独报告更多分部会增加财务报告的编制成本和复杂性，可能导致信息过载。未达到单独报告标准的其余分部，可以采取以下方式之一进行报告：（1）合并为一个或多个较大的报告单元汇总报告，（2）仅披露相关的重要财务信息和背景信息或进行敏感性分析，以反映它们对公司整体业绩的贡献程度。

3. 关于公司的主要客户，必须披露哪些信息？客户的名称是否要披露？

关于公司的主要客户，必须披露的信息主要包括销售额、交易量、占比情况以及是否存在关联方关系等。除非法律法规或监管要求明确规定，否则，公司并没有强制义务披露主要客户的名称。特别是当涉及客户隐私、商业机密或竞争优势时，公司往往会选择不披露客户名称。在某些特殊情况下，监管机构可能要求公司披露主要客户名称。例如，当公司对某个客户的依赖程度极高（如销售额占比超过一定比例），或者客户的变化对公司业绩产生重大影响时。此外，某些行业可能因行业惯例或市场需求而倾向于披露客户名称。公司选择自愿披露主要客户名称时应考虑客户的意愿和利益，避免损害客户关系或引起不必要的纠纷。

4. 投资者如何利用中期报告来确定公司的季节性趋势？

季节性趋势是指某些经济活动或市场行为在一年中的特定时间段内重复出现的模式，可能与自然季节、节假日、农业周期或财政年度等因素有关。投资者可以分析一家企业的中期报告数据确定可能的季节性趋势，比如营业收入和净利润的同比和环比变化，在特定季节是否出现显著增长或下降，了解公司在不同季节的业绩表现；若毛利率在特定季节下降，可能意味着公司产品在该季节的竞争力减弱，受到季节性因素的影响；如果存货在年底前大幅增加，可能表明公司正在为销售旺季做准备；而应收账款的增加则可能表明公司在销售旺季后的收款周期延长；将当前中期报告数据与过去几年的同期数据进行对比，观察是否存在重复出现的季节性模式；将公司与同行业其他公司的中期报告进行对比，判断公司的季节性趋势是行业共性还是公司特有的；同时关注中期报告中管理层对公司季节性趋势的看法和应对策略等。除了中期报告外，投资者还可以利用行业研究报告、市场调研数据、社交媒体和新闻报道等其他信息源来验证公司的季节性趋势。

5. 如何在中期基础上确认收入？

中期财务报告中各会计要素的确认和计量原则应当与年度财务报告所采用的原则相一致。通常情况下，企业各项收入一般是在一个会计年度的各个中期内均匀发生的，各中期之间实现的收入差异不会很大。但是，因季节性、周期性或者偶然性取得的收入，往往集中在会计年度的个别中期内。对于这些收入，企业应当在发生时予以确认和计量，不应当在中期财务报告中预计或者递延，但会计年度末允许预计或者递延的，则在中期财务报告中也允许预计或者递延。

6. 说明在中期基础上计算销售成本和存货成本的基本规则。在什么情况下允许采用估计来确定成本？

在中期基础上计算销售成本和存货成本需遵循会计准则和成本核算的基本原则，企业应当注意存货的计价方法，比如个别计价法、先进先出法、加权平均法等。不同的计价方法会对存货的库存成本和销售成本产生影响，应当根据实际情况选择合适的计价方法，并保持一致。中期报告的时间跨度相对较短，有时企业可能因时间紧迫而无法在报告期内对存货进行全面、详细的实地盘点或精确的成本核算。在特定情况下，企业可以采用合理的估计来确定存货成本。比如零售价格法，按照存货成本与零售价格的比率估计期末存货成本，在零售商为主的企业中比较常见。

7. 在中期财务报表和年度财务报表中运用存货的成本与可变现净值孰低法有何不同？

在中期财务报表和年度财务报表中运用存货的成本与可变现净值孰低法的基本原理是一致的，区别主要体现在比较层次的灵活性、比较依据的时效性和信息披露的详细程度等方面。在年报中，企业可能会采用更为细致的比较层次，如单项比较法（逐项比较法或个别比较法），对库存中每一种存货的成本和可变现净值进行逐项比较；在中期基础上，企业可能会采用更为简化的比较层次，如分类比较法（类比法）。特别地，企业在年报中确定存货的可变现净值时，应当以取得的确凿证据为基础，并且考虑持有存货的目的、资产负债表日后事项的影响等因素。为防止滥用资产负债表日后调整事项操纵利润，资产负债表日至财务报告批准报出日之间存货售价发生波动，如有确凿证据表明其对资产负债表日存货已经存在的情况提供了新的或进一步的证据，则在确定存货可变现净值时应当予以考虑。资产负债表日后新出现且在资产负债表日依据当时可获得的信息无法合理预见的，则不应予以考虑。

第十章

破产清算会计

一、单项选择题答案及解析

1. A。
2. D。企业处于清算阶段时，持续经营假设已不再适用，会计处理也不再以权责发生制为基础。
3. A。“清算净值”科目与所有者权益科目类似，是企业清算时唯一的此类科目。
4. A。
5. C。企业进入清算时，股本、资本公积等所有者权益类科目余额需转入“清算净值”。
6. C。
7. D。
8. B。
9. A。破产企业在破产清算期间的资产应当以破产资产清算净值计量。
10. A。
11. C。
12. C。

二、判断题答案及解析

1. 正确。
2. 不正确。
3. 正确。
4. 不正确。
5. 正确。
6. 正确。
7. 不正确。
8. 正确。

三、多项选择题答案及解析

1. ABCD。

2. ABC。
3. ABD。
4. ABCD。
5. ABCD。

四、综合题答案及解析

（1）发现未入账债务时：

借：其他费用	45	
贷：应付账款		45

（2）发现未入账的资产时：

借：固定资产	8.2	
贷：其他收益		8.2

（3）变卖原材料时：

借：银行存款	63.18	
贷：原材料		42.38
应交税费——应交增值税（销项税额）		9.18
资产处置净损益		11.62

（4）处置固定资产时：

借：银行存款	70	
累计折旧	15.2	
资产处置净损益	16.4	
贷：固定资产		101.6

（5）支付破产费用时：

借：破产费用	4.5	
贷：银行存款		4.5

模拟试卷（一）

一、单项选择题答案及解析

1. B。非同一控制下企业合并中发生的各项直接费用应当计入当期损益。

2. A。我国企业准则中采用的方法属于综合理论，只确认归属于母公司的商誉。

3. D。

4. C。交易当年出售方会在其个别财务报表中确认资产处置收益，应当抵销。但第二年连续编制合并财务报表时，应当抵销期初未分配利润而不是资产处置收益。

5. D。

6. D。

7. A。

8. D。选项 A、B、C 中项目为资产负债表资产项目，应当采用资产负债表日即期汇率折算。

9. D。商誉法下，应确认的商誉金额 = 40 000/20% －（40 000 + 30 000 + 30 000 + 40 000）= 60 000（元）。

10. D。

二、多项选择题答案及解析

1. ACD。

2. ABC。

3. AB。

4. BC。期末存在内部交易未实现损益的，有可能为上期内部交易形成而在本期期末仍未实现，该部分未实现损益不会影响当期合并净利润，选项 A 不正确；当期发生内部交易但并不存在期末未实现损益的，期末编制合并财务报表时的抵销不会影响合并净利润总额，但需要进行相关的抵销以建立正确的合并项目金额，选项 D 不正确。

5. ABC。选项 D 为以记账本位币进行交易的项目，不属于甲公司外币交易。

三、判断题答案及解析

1. 正确。

2. 不正确。要根据实质而非形式对投资方是否拥有可变回报进行评估。

3. 正确。非同一控制下企业合并子公司的资产、负债及相关费用均应当以合并日资产与负债的公允价值为基础。

4. 正确。

5. 不正确。当期内部存货交易形成期末未实现损益的，未实现损益应当全部抵销归属于母公司的净利润还是按比例抵销归属于母公司及少数股东的损益，应当根据交易方向而定。

6. 正确。

7. 不正确。合伙企业给予合伙人的报酬，应当在合伙企业利润表中作为利润分配处理。

8. 不正确。企业的记账本位币一经确定，不得随意变更。当企业经营活动的主要经济环境发生变化时，可以变更其记账本位币。

9. 正确。

10. 正确。

四、业务题答案及解析

1. 答案及解析：

（1）甲公司在2×22年1月1日应当确认使用权资产与租赁负债。

租赁付款额 =8×5+1=41（万元）。

租赁负债 =8×（P/A，8%，5）+1×（P/F，8%，5）=8×3.993+1×0.681=32.63（万元）。

使用权资产 =32.63+0.5=33.13（万元）。

借：使用权资产	33.13	
租赁负债——未确认融资费用	8.37	
贷：租赁负债——租赁付款额		41
银行存款		0.5

（2）2×22年12月31日支付租金、摊销未确认融资费用，同时计提使用权资产折旧。

借：租赁负债——租赁付款额	8	
贷：银行存款		8
借：财务费用	2.61	
贷：租赁负债——未确认融资费用		2.61
借：制造费用	5.52	
贷：使用权资产累计折旧		5.52

（3）2×23年12月31日支付租金、摊销未确认融资费用，同时计提使用权资产折旧。

借：租赁负债——租赁付款额	8	
贷：银行存款		8
借：财务费用	2.18	
贷：租赁负债——未确认融资费用		2.18
借：制造费用	5.52	
贷：使用权资产累计折旧		5.52

2. 答案及解析：

（1）2×22 年 11 月 1 日外汇远期合同的公允价值为 0，不作账务处理。

（2）2×22 年 12 月 31 日，确认现金流量套期储备：

外汇远期合同的公允价值 =（6.5 −6.4）×700 =70（万人民币元）。

借：套期工具——外汇远期合同	70	
贷：其他综合收益——套期储备		70

（3）2×23 年 1 月 31 日，确认现金流量套期储备：

外汇远期合同的公允价值 =（6.55 −6.4）×700 =105（万人民币元）。

借：套期工具——外汇远期合同	35	
贷：其他综合收益——套期储备		35

结算外汇远期合同：

借：银行存款	105	
贷：套期工具——外汇远期合同		105

购入铜：

借：库存商品——铜	4 585	
贷：银行存款		4 585

将计入其他综合收益中的套期储备转出：

借：其他综合收益——套期储备	105	
贷：库存商品——铜		105

3. 答案及解析：

（1）少数股东权益 =9 000 ×30% =2 700（万元）。

（2）调整子公司个别报表：

借：存货	800	
贷：资本公积		800
借：营业成本	320	
贷：存货		320

调整母公司个别报表：

借：长期股权投资	336	
贷：投资收益 [（1 100 −320）×70% −300 ×70%]		336

抵销母公司长期股权投资与子公司所有者权益：

借：股本	2 400	
资本公积	4 000	
盈余公积	1 100	
未分配利润	1 980	
商誉	2 100	
贷：长期股权投资		8 736
少数股东权益		2 844

抵销母公司投资收益与子公司利润分配等项目：

借：投资收益 [（1 100 −320）×70%]	546	

少数股东损益	234	
年初未分配利润	1 600	
贷：提取盈余公积		100
向股东分配利润		300
年末未分配利润		1 980

抵销与存货顺销相关的项目：

借：营业收入	1 500	
贷：营业成本		1 500
借：营业成本	500	
贷：存货		500
借：存货跌价准备	500	
贷：资产减值损失		500

抵销与固定资产逆销相关的项目：

借：资产处置收益	780	
贷：固定资产		780
借：少数股东权益	234	
贷：少数股东损益		234

模拟试卷（二）

一、单项选择题答案及解析

1. C。

2. D。A公司可辨认净资产在P公司合并财务报表中的账面价值为3 000万元，则甲公司享有的部分为2 400万元，加上商誉后，甲公司应当确认的长期股权投资为2 900（2 400 +500）万元。

3. C。母公司为投资性主体的，只应将为其投资活动提供相关服务的子公司纳入合并范围，其他子公司不应予以合并。

4. B。选项A、B、D中的业务均按业务发生时的即期汇率折算为人民币进行记录，不会影响损益；选项B中银行的人民币卖出价与中间价间存在差异，会影响公司的损益。

5. B。合并财务报表层面，该业务将总成本为400万元的产品对外出售20%，因此，营业成本为80万元。

6. A。2×23年12月31日该内部交易的未实现损益为（100 - 76）-（100 - 76）/4/2 = 21（万元），应当调减固定资产。

7. C。

8. B。现金流量套期的会计处理中，套期工具产生的利得属于有效套期的部分，应当作为现金流量套期储备，计入其他综合收益。

9. D。甲公司2×22年度应确认的租金收入 = 10 × 15/2 = 75（万元）。

10. A。

二、多项选择题答案及解析

1. ABC。

2. ABD。

3. CD。选项A、B为对预期交易中的风险进行套期，属于现金流量套期。

4. ABCD。

5. ACD。

三、判断题答案及解析

1. 正确。

2. 不正确。投资方具有对被投资方与其关联方进行交易的否决权，属于保护性权利而非实质性权利，不能说明该投资方具有控制权。

3. 不正确。母公司个别财务报表中的投资收益为成本法下投资收益，而合并财务报表中的少数股东损益为权益法下的损益，两者不为持股比例之比。

4. 不正确。子公司将当期从母公司购入的存货全部出外出售，期末不存在未实现损益，但仍应调整营业收入与营业成本。

5. 正确。

6. 正确。

7. 正确。

8. 不正确。承租人能够合理确定租赁期届满时取得租赁资产所有权的，应当在租赁资产剩余使用寿命内计提折旧；承租人无法合理确定租赁期届满时能够取得租赁资产所有权的，应当在租赁期与租赁资产剩余使用寿命两者孰短的期间内计提折旧。

9. 正确。

10. 正确。

四、业务题答案及解析

1. 答案及解析：

（1）交易发生时的会计分录：

借：原材料	（30×6.24）187.2	
贷：应付账款——美元		187.2
借：银行存款——美元	（1 000×6.26）6 260	
贷：实收资本		6 260
借：应收账款——美元	（120×6.28）753.6	
贷：主营业务收入		753.6

（2）银行存款（美元户）汇兑差额＝1 500×6.34－（3 100＋1 000×6.26）＝9 510－9 360＝150（万元）（借方）。

应付账款（美元户）汇兑差额＝130×6.34－（620＋30×6.24）＝824.2－807.2＝17（万元）（贷方）。

应收账款（美元户）汇兑差额＝140×6.34－（124＋120×6.28）＝887.6－877.6＝10（万元）（借方）。

汇兑差额总额＝150＋10－17＝143（万元）。

借：银行存款——美元	150	
应收账款——美元	10	
贷：应付账款——美元		17
财务费用		143

（3）2×23 年 12 月 31 日原材料应计提的跌价准备＝50×1 500×6.24－50×1 300×6.34＝468 000－412 100＝55 900（元）。

2. 答案及解析：2×23 年 5 月 1 日，其他权益工具投资公允价值变动时：

借：其他权益工具投资　　200
　　贷：其他综合收益——公允价值变动　　200

2×23 年 5 月 1 日，将其他权益工具投资指定为被套期项目时：

借：被套期项目——其他权益工具投资　　1 000
　　贷：其他权益工具投资　　1 000

2×23 年 5 月 31 日，套期工具与被套期项目公允价值变动时：

借：套期工具　　100
　　贷：其他综合收益——套期损益　　100

借：其他综合收益——套期损益　　100
　　贷：被套期项目——其他权益工具投资　　100

2×23 年 6 月 30 日，记录套期工具与被套期项目公允价值变动，同时结算套期工具时：

借：套期工具　　200
　　贷：其他综合收益——套期损益　　200

借：其他综合收益——套期损益　　200
　　贷：被套期项目——其他权益工具投资　　200

借：银行存款　　300
　　贷：套期工具　　300

借：其他权益工具投资　　700
　　贷：被套期项目——其他权益工具投资　　700

3. 答案及解析：

（1）甲公司购买日合并资产负债表中应当确认的商誉金额 = 13 000 -（15 000 + 500）× 80% = 600（万元）。

（2）抵销与内部存货逆销交易相关的各项目：

借：营业收入　　80
　　贷：营业成本　　80

借：营业成本　　5
　　贷：存货　　5

借：少数股东权益　　1
　　贷：少数股东损益　　1

调整子公司个别报表：

借：存货　　100
　　固定资产　　400
　　贷：资本公积　　500

借：营业成本　　100
　　管理费用　　20
　　贷：存货　　100
　　　　固定资产　　20

调整母公司个别报表：

借：长期股权投资　　704

贷：投资收益　　704

抵销母公司长期股权投资与子公司所有者权益：

借：股本　　10 000
　资本公积　　1 500
　盈余公积　　600
　年末未分配利润　　4 280
　商誉　　600
　贷：长期股权投资　　13 704
　　少数股东权益　　3 276

抵销母公司投资收益与子公司利润分配等项目：

借：投资收益　　704
　少数股东损益　　176
　年初未分配利润　　3 500
　贷：提取盈余公积　　100
　　年末未分配利润　　4 280